Erfolgsfaktor **Körpersprache**

Wie Frauen selbstsicher auftreten

DK | Penguin Random House

Für die deutsche Ausgabe:
Programmleitung Monika Schlitzer
Redaktionsleitung Anne Heinel
Projektbetreuung Doreen Wolff
Herstellungsleitung Dorothee Whittaker
Herstellungskoordination Arnika Marx
Herstellung Stefanie Staat

Übersetzung Wiebke Krabbe, Damlos
Lektorat Carmen Söntgerath

Titel der englischen Originalausgabe: Power skills.
A masterclass for women in body language and communcation.

Der Originaltitel erschien 2020 in Großbritannien
bei Welbeck Publishing Group Limited, London.

ISBN 978-3-8310-4175-6

Druck und Bindung in Spanien

MIXTE
Papier issu de sources responsables
FSC® C007507
FSC www.fsc.org

www.dk-verlag.de

Hinweis
Die Informationen und Ratschläge in diesem Buch sind von der Autorin und vom Verlag sorgfältig erwogen und geprüft, dennoch kann eine Garantie nicht übernommen werden.
Eine Haftung der Autorin bzw. des Verlags und seiner Beauftragten für Personen-, Sach- und Vermögensschäden ist ausgeschlossen.

Bildnachweis Cover: Depositphotos Inc: ioleksiigerman.gmail.com

Juliet Erickson

Erfolgsfaktor **Körpersprache**

Wie Frauen selbstsicher auftreten

Mimik, Gestik und Co.
selbstbewusst und wirkungsvoll kommunizieren

DK

Inhalt

Einleitung

In den letzten 30 Jahren habe ich als Coach mit Tausenden Frauen aus allen Lebensbereichen gearbeitet: Studentinnen, Unternehmerinnen, Leiterinnen von gemeinnützigen Organisationen, Wissenschaftlerinnen, Politikerinnen, Künstlerinnen und Geschäftsführerinnen. Meine Aufgabe war, ihnen zu helfen, sich optimal zu präsentieren, vor allem in Situationen, in denen Erfolg oder Misserfolg große berufliche oder persönliche Tragweite haben. Und ganz egal, ob es um große Summen geht oder um eine große Idee, ob jemand besonders klug oder berühmt ist: Erfolg hängt weitgehend davon ab, wie überzeugend eine Person mit anderen kommunizieren kann.

Unter meinen Klienten sind im Allgemeinen deutlich mehr Männer als Frauen. Nicht, weil Männer mehr Unterstützung brauchen, sondern weil sie häufiger Führungspositionen innehaben und über die Mittel verfügen, einen Coach zu engagieren. Interessanterweise stellen aber meine weiblichen Klienten die weitaus vielfältigere Gruppe dar. Die Frauen entstammten verschiedenen Ethnien, Identitäten, Religionen und sozioökonomischen Gruppen.

Ich habe dieses Buch geschrieben, weil es meiner Meinung nach höchste Zeit ist, dass Frauen ihre Macht richtig nutzen. Wir Frauen haben längst begonnen, traditionelle Vorstellungen und Strukturen infrage zu stellen und den Machtbegriff neu zu definieren. Wir brauchen weder Anzug und Krawatte noch einen hochkarätigen Job, um Macht auszuüben. Uns geht es weniger um Titel und Karriere, sondern mehr um die Verantwortung gegenüber uns selbst, unserer Familie, der Gesellschaft und der Welt. Wir sind selbstständig und legen als Arbeitgeberinnen Wert auf Chancengleichheit.

Mir geht es dabei um einen genderneutralen Machtbegriff und darum, dass wir Frauen um unserer selbst willen als kompetent und einflussreich angenommen werden. Wir Frauen richten den Blick auf Selbstmanagement und Selbstwert, weniger auf Titel und Status. Die feministische Wissenschaftlerin Carolyn Heilbrun formulierte es so: »Macht ist die Fähigkeit, in jedem Diskurs den Platz einzunehmen, der zum Handeln befähigt, und das Recht, für voll genommen zu werden.« Ich glaube, dass dies auf unseren Verstand und unseren Geist zutrifft, aber allzu oft spricht unser Körper eine andere Sprache. Nicht selten vermittelt er etwas anderes als das, was wir eigentlich sagen möchten – vor allem in Stresssituationen.

Gendernormen wie auch die Verhaltensweisen eines jeden Menschen sind durch die jeweilige Kultur geprägt. Es gibt bestimmte Erwartungen an das Verhalten von Frauen, manche davon sind förderlich, viele aber lähmend.

Als Neugeborene folgen wir unseren Instinkten. Wenn wir Hunger oder Angst verspüren, reagieren wir darauf, indem wir schreien. Mit der Zeit beginnen wir, bewusster zu handeln. Unser Geist entwickelt sich und fängt an, die Funktionen von Gehirn und Körper zu beeinflussen. Wir lernen zu laufen, zu sprechen, zu spielen und mit anderen zu kommunizieren, allmählich entwickeln sich unbewusste Verhaltensweisen. Damit beginnt unsere Konditionierung, ob es uns gefällt oder nicht. Wie wir gehen und sprechen, uns verhalten und reagieren, wird durch die Menschen gesteuert, die uns erziehen.

Auch noch als Erwachsene sind wir dem Einfluss unseres neuromuskulären Systems und unserer Sozialisation unterworfen. Wir entwickeln Verhaltensmuster, die uns nicht immer nützen, und dennoch wenden wir sie tagtäglich an, ohne darüber nachzudenken. Dadurch werden sie gefestigt. Die ständige Wiederholung dieser Verhaltensmuster kann zu körperlichen Disbalancen führen.

Den wenigsten von uns ist bewusst, wie stark unsere Gedanken und Handlungen automatisiert sind. Das möchte ich mit diesem Buch ändern, denn nur so lassen sich diese unbewussten Muster auflösen. Selbstwahrnehmung ist der Schlüssel zur Veränderung.

Unsere Körpersprache wird lebenslang geformt. Ob sie uns nützt oder nicht – im Alltag sind wir uns dessen selten bewusst. Durch eine bessere Selbstwahrnehmung können wir aber beginnen, unbewusste Verhaltensweisen abzulegen, die uns keinen Nutzen bringen. Mit diesem Buch möchte ich Ihnen das Werkzeug dafür an die Hand geben, das Sie bei Bedarf immer wieder einsetzen können. Ich hoffe, Sie mögen auch die Illustrationen – sie tragen ihren Teil dazu bei, wichtige Erkenntnisse zu vertiefen.

Im ersten Kapitel geht es darum, sich selbst und andere genauer zu beobachten und vor allem wahrzunehmen, wie sich Ihr Kommunikationsstil auf Ihre Körpersprache auswirkt. Sie werden lernen, Ihre eigenen Stärken und Schwächen – und die anderer Menschen – zu erkennen und auf andere so zu reagieren, dass Sie erfolgreicher kommunizieren.

In den Kapiteln 2, 3 und 4 werden konkrete Techniken vorgestellt, mit denen Sie sich Ihrer eigenen Körpersprache besser bewusst werden können. Sie lernen Grundmuster kennen, die Sie in Ihre Bewegungen und Ihre Gestik, in Haltung, Blickkontakt, Mimik und Stimme integrieren können. Sie werden lernen, das Zusammenspiel zwischen bewussten und unbewussten Entscheidungen besser zu verstehen, um sich dadurch natürlicher und authentischer zu präsentieren. Indem Sie in einem bestimmten Kontext bewusst bestimmte Verhaltensweisen wählen, wird sich Ihr Gefühl verändern, und das wiederum wirkt sich auf die Reaktionen anderer aus. Auf diese Weise lernen Sie, durch kleine, aber wirkungsvolle Veränderungen Ihre Körpersprache zu verfeinern.

In den letzten beiden Kapiteln geht es um Konfrontation und Präsenz. Gerade hier gibt es für Frauen viel Spielraum für Veränderung, und dies sind die Bereiche, in denen ich oft um Hilfe gebeten werde. Beide verlangen relativ viel Einsatz, um Sicherheit zu gewinnen, obwohl sie sich ihrem Wesen nach stark unterscheiden. Möchten Sie lieber einen Tiger oder einen Elefanten zähmen? Warum nicht beides? Am Ende dieses Teils werden Sie nicht nur die Unterschiede zwischen diesen beiden Konzepten besser verstehen, sondern auch Techniken gelernt haben, die Sie sofort in verschiedenen Situationen einsetzen können.

Dieses Buch soll Ihnen helfen, sich eine Körpersprache anzueignen, mit der Sie sich selbst wohlfühlen und die auf andere Menschen vertrauenerweckend wirkt. Mit etwas Zeit und Übung wird es Ihnen gelingen, überkommene Verhaltensmuster zu durchbrechen und die Art, wie Sie durch Ihre Körpersprache mit anderen kommunizieren, selbstbewusst zu steuern.

»Wenn Frauen lernen, ihre physische Präsenz und ihren Körper bewusst wahrzunehmen, können sie sehr viel wirkungsvoller mit anderen kommunizieren.«

1

Kommunikations-stile

In diesem Kapitel lernen Sie verschiedene Kommunikationsstile kennen. Wer den eigenen Stil und den seines Gegenübers richtig einschätzen kann, fühlt sich besser und kommuniziert erfolgreicher.

Die traditionelle genauso wie die moderne Medizin kategorisiert Menschen nach Körperbau und Verhaltensweisen, um Ansätze für Diagnostik und Therapie zu gewinnen. Die Neurobiologie erforscht, wie Körper, Gehirn und Nervensystem funktionieren, wodurch sie geprägt werden und wie sie sich gezielt neu programmieren lassen.

Wir Frauen wissen um die emotionale und physische Kraft, die es braucht, um das Machtgefälle und männliche Privilegien zu überwinden. Überkommene Erwartungen in Bezug auf unser Verhalten und eine Sozialisierung, durch die stereotype Verhaltensweisen buchstäblich zementiert werden, machen die Sache nicht besser. Das zu verändern scheint sehr schwierig. Zum Glück gibt es aber Mittel und Wege.

Ich finde es ärgerlich, dass Frauen in Bezug auf ihre Körpersprache immer wieder empfohlen wird, all das lebenslang eingeübte »Mädchenzeug« abzulegen. Wir sollen uns einen festen Händedruck zulegen, den Kopf aufrecht halten, nicht zu viel lächeln, nicht artig und passiv sein, die Stimme erheben, andere unterbrechen, mehr Raum einnehmen, nicht nicken, nicht flirten, nicht so emotional sein. Ich bin sicher, Ihnen fällt noch mehr ein.

Zugegeben, manche Empfehlungen scheinen sinnvoll, aber die meisten basieren auf Klischeevorstellungen von weiblichem Verhalten. Körpersprache ist immer kontextabhängig, und nur dieser Kontext entscheidet über »richtig« oder »falsch«.

Im Berufsleben gibt es offizielle und ungeschriebene Regeln, etwa darüber, was man aussprechen darf (und was nicht) oder welche Kleidung als angemessen gilt. Im gesellschaftlichen Leben, in der Familie, in der Kneipe, auf einer Dating-Plattform oder einer Party gelten jeweils andere Regeln.

Unserer weiblichen Konditionierung verdanken wir sicher viel Gutes. Mir geht es hier darum, Ihnen die Verhaltensweisen vor Augen zu führen, die Ihnen keinen Nutzen bringen, und diese durch bessere Strategien zu ersetzen.

Der Kommunikationsstil besteht aus Verhaltensweisen, die typisch für eine individuelle Person sind. Wir alle folgen solchen vorhersehbaren Mustern, die unser Verhalten beeinflussen, ohne dass wir darüber nachdenken. Wenn ein Mensch, der Ihnen nahesteht, Sie beschreiben soll, wird er wahrscheinlich solche Verhaltensmuster aufzählen. Dieses unbewusste Verhalten bestimmt, welchen Eindruck Sie auf andere machen und wie Sie wahrgenommen werden. Es kann Aufschluss darüber geben, mit welchem Menschentyp Sie gut (und weniger gut) zurechtkommen, wie Sie vorzugsweise Informationen übermitteln oder aufnehmen, wie Sie zuhören, wie Sie mit Konfrontation umgehen, wie emotional Sie in Ihrer Entscheidungsfindung sind, wie es um Ihre Stressresistenz oder Ihre Aufmerksamkeitsspanne steht und noch vieles mehr.

Solche typischen Verhaltensmuster laufen automatisch ab, sofern man sie nicht bewusst und aktiv abstellt. Wir alle folgen solchen Grundmustern, vor allem, wenn wir unter Druck stehen. Sie können auch Einfluss darauf haben, welche Gewohnheiten man unbewusst entwickelt und verfestigt. Wer seine

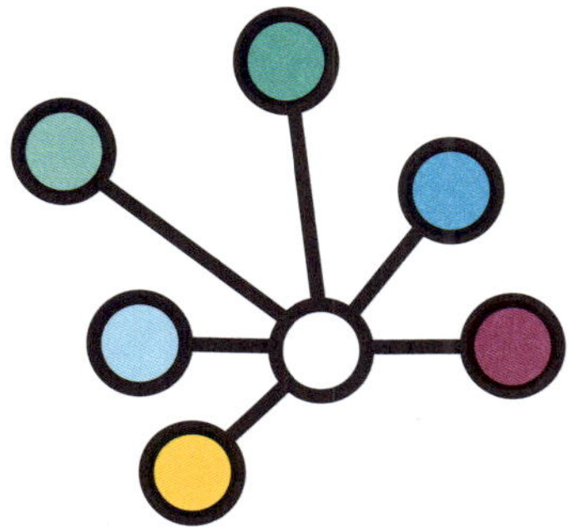

eigenen Grundmuster kennt, kann seine Stärken und Schwächen besser einschätzen und gezielt Strategien entwickeln, um unvorteilhafte Gewohnheiten abzulegen.

Was Sie in diesem Kapitel erfahren, kann Ihnen auch helfen, besser mit Menschen zurechtzukommen, deren Grundmuster im Widerspruch zu ihren eigenen stehen. Wenn Sie von Natur aus locker sind, wird Ihnen der Umgang mit Menschen, die einen ähnlichen Kommunikationsstil haben, leichtfallen. Aber natürlich kommen wir auch immer wieder mit anderen Menschen in Kontakt. Wer Kommunikationsstile erkennt, weiß, was er zu erwarten hat, und er kann andere Menschen besser verstehen und erreichen. Das heißt nicht, dass man den eigenen Stil aufgeben oder sich verstellen muss. Es heißt vielmehr, sich natürlich zu verhalten, aber sich seines Verhaltens bewusst zu sein.

Eine Verbindung aufbauen

Eine sehr wichtige Fähigkeit besteht darin, Verbindungen aufzubauen – ein vertrauensvolles Verhältnis, in dem Menschen gut miteinander kommunizieren können. Das ist aber nicht immer einfach, vor allem in Situationen, wenn wir etwas von einem anderen Menschen wollen oder gestresst sind. Eine Verbindung aufzubauen bedeutet, bewusst einen Kommunikationskanal zu öffnen, der die Situation oder das Gespräch zum bestmöglichen Ergebnis führt. Dabei spielen bewusste und unbewusste Aspekte eine Rolle. Schauen wir uns die Abläufe genauer an.

Spiegeln Ein Verhalten, das wir tagtäglich vertrauten Personen gegenüber an den Tag legen. Durch bewusstes Spiegeln können wir eine Verbindung zu Menschen aufbauen, die wir beeinflussen wollen. Dabei geht es um die verbalen und nonverbalen Signale, die wir im Kontakt mit anderen Menschen aussenden. Wie verändern Sie Ihre Haltung, Gestik, Stimmlage oder den Blickkontakt, wenn Ihr Gegenüber fröhlich, wütend oder traurig ist? Haben Sie jemals während eines intensiven Gesprächs festgestellt, dass Sie und Ihr Gesprächspartner dieselbe Haltung einnehmen? Beobachten Sie einmal im Restaurant Paare oder Gruppen, die sich unterhalten, und achten Sie auf die Übereinstimmungen.

Das Imitieren liegt uns Menschen im Blut. Wir lassen uns von einem Gähnen anstecken und lächeln zurück, wenn wir angelächelt werden. Von klein auf reagieren wir so auf die Ausstrahlung, Zuwendung, Gestik oder Haltung von Menschen, die uns nahestehen. Neurologen nennen dieses Verhalten »Spiegelung«. Das Zusammenspiel komplexer Abläufe im Gehirn bewirkt, dass wir Verhaltensweisen, Handlungen und Emotionen erkennen und interpretieren können. Für eine neuere Studie wurde das Gehirn von sprechenden und zuhörenden Personen mit bildgebenden Verfahren untersucht. Es zeigte sich, dass das Gehirn auf Signale der anderen Person reagiert und die Verständigung durch die Körpersprache unterstützt, als würden die Gehirne direkt kommunizieren. Unbewusstes Spiegeln ist der Idealfall, bewusstes Spiegeln muss man lernen.

Richtig spiegeln

Das Allerwichtigste dabei ist, zunächst durch Zuhören und Verstehen eine Beziehung zum Gesprächspartner herzustellen. Dann können Sie nicken oder den Kopf neigen. Passen Sie sich dem Tonfall, dem Sprechtempo oder der Energie Ihres Gegenübers an. Danach können Sie Haltungen oder Gestik spiegeln – aber vorsichtig! Negative Körpersprache sollten Sie nicht spiegeln. Vertrauen Sie darauf, das richtige Maß zu finden.

Wenn man nicht ernsthaft am Gespräch interessiert ist, wird das Gegenüber den Versuch zu spiegeln wahrnehmen und möglicherweise als Manipulation deuten. Wer unsicher ist, sollte es langsam angehen und zunächst versuchen, sich auf sein Gegenüber einzulassen.

Zu einer Person, die Ihnen nicht ähnlich ist, können Sie Brücken bauen, indem Sie Ihr eigenes Verhalten dem des Gegenübers vorsichtig anpassen – auch das kann eine Form der Annäherung sein.

Empathie Zum erfolgreichen Aufbau einer Verbindung gehört Empathie. Wir versuchen, uns von unseren eigenen Gefühlen zu lösen und zu verstehen, wie sich das Gegenüber fühlt. Immer wieder im Leben gibt es Situationen, in denen wir uns in andere hineinversetzen müssen. Die Kunst besteht darin, für sein Gegenüber wirklich offen zu sein. Studien belegen allerdings, dass wir die Gefühle von Menschen, die uns ähnlich sind, leichter nachvollziehen können. Diese Bevorzugung des Vertrauten ist zum Glück erlernt, und wir können unsere Wahrnehmung verändern!

Vier Kommunikationsstile

Um meinen Klienten zu helfen, die eigene Körpersprache und die anderer Menschen besser zu verstehen, unterscheide ich vier Kommunikationsstile. Vermutlich erkennen Sie sich – und viele Bekannte – beim Lesen der Beschreibungen wieder.

1

Direkt

ergebnisorientiert, souverän, fordernd, konfrontativ, eigensinnig, selbstbewusst

Den direkten Stil erkennen

- Kann ungeduldig wirken, den Gesprächspartner unterbrechen oder ihm das Wort abschneiden
- Meist ordentlich und gut organisiert
- Keine oder geringe Neigung zum Smalltalk
- Fragen und Antworten sind kurz und präzise.
- Bevorzugt genaue Erklärungen
- Schätzt es, wenn in einem Gespräch oder Meeting klare Prioritäten gesetzt werden
- Hält Streitgespräche und Konfrontationen aus
- Wirkt meist energisch und durchsetzungsfähig
- Bleibt in schwierigen Situationen meist ruhig
- Kann direkten Blickkontakt gut aushalten
- Strukturiert gern Gespräche, schätzt Pünktlichkeit
- Denkt und artikuliert sich strukturiert
- Gewicht im Stehen oft ausgewogen verteilt
- Beim Sprechen und Zuhören dem Gesprächspartner mit dem ganzen Körper zugewandt

- Stimmliche Variationen meist in der Lautstärke
- Trifft bevorzugt Aussagen, stellt selten Fragen; Letztere erfordern oft Ein-Wort-Antworten oder sind so formuliert, dass sie wie ein Verhör wirken.

Auf den direkten Stil eingehen

- Aufrecht stehen, Schultern entspannt, Gewicht gleichmäßig verteilt, Körper dem Gegenüber direkt zugewandt
- Bei Bedarf energisch auftreten
- Mit klarer, gut hörbarer Stimme sprechen
- Zu Verabredungen aller Art pünktlich erscheinen
- Nicht laut denken (»vom Hölzchen aufs Stöckchen«)
- Smalltalk und Vertrauliches weitgehend vermeiden
- Briefe und E-Mails knapp und sachorientiert formulieren
- Fragen kurz und genau beantworten (vorher überlegen: Frage verstanden?)
- Im Gespräch zuerst die Hauptaussage treffen, dann im Detail erklären (falls gewünscht)
- Zu Beginn klären, wie viel Zeit für die Besprechung zur Verfügung steht
- Auf dem Laufenden sein und Aussagen mit realen, relevanten Beispielen untermauern
- Wenn Sie etwas nicht wissen, sagen Sie es!
- Auch das Follow-up sollte kurz und prägnant sein.

2

Expressiv

überzeugend, anregend, ehrgeizig, charmant, optimistisch, gesprächig, steht gern im Mittelpunkt

Den expressiven Stil erkennen

- Arbeitsplatz wirkt etwas unordentlich.
- Schätzt freundlichen, persönlichen Smalltalk
- Atmet meist flach
- Begeisterungsfähig, wortgewandt und lebhaft, spricht meist schnell
- Schätzt kreative Herausforderungen
- Abneigung gegen Details
- Kann voreingenommen sein
- Freut sich, von persönlichen Leistungen zu hören
- Kann Konkurrenzverhalten zeigen
- Denkt gern in großen Zusammenhängen, lotet gern neue Ideen aus
- Stolz und Ego können große Bedeutung haben
- Lässt sich leicht ablenken
- Gestikuliert oft
- Gesicht und Körper sind ausdrucksvoll, Gesten und Bewegungen manchmal übertrieben.
- Schätzt Spontaneität und andere Blickwinkel
- Körpergewicht oft auf einem Bein, manchmal unausgewogene Haltung
- Lehnt an Möbeln oder sitzt darauf, berührt Gegenstände und hantiert mit ihnen
- Stimmvariationen wirken locker und natürlich.

- Stellt Fragen nicht strategisch, sondern meist spontan, kann bei komplexen Fragestellungen den Faden verlieren
- Kann in Konfrontationen persönlich werden
- Kann Reaktionen leichter verbergen als andere Kommunikationstypen

Auf den expressiven Stil eingehen

- Kreativ, lebhaft und offen für Ideen sein
- Details auf ein Minimum beschränken
- Bei Bedarf Selbstsicherheit und Dynamik zeigen
- Konkurrenz vermeiden (zumindest anfangs)
- In Besprechungen zuerst das große Ganze diskutieren, danach ausführlicher erörtern
- Treffen an anderen Orten (außerhalb des Büros) zustimmen
- Anerkennung für den Beitrag des Gegenübers zu einem Erfolg ausdrücken
- Ein Dankschreiben senden (eventuell mit einem kreativen Detail, das sich auf das Gespräch oder sein Ergebnis bezieht)

3

Analytisch

logisch, rational, trocken, hinterfragend, worst-case-orientiert, prinzipientreu, selbstbeherrscht, zielstrebig

Den analytischen Stil erkennen

- Wohnung und Arbeitsplatz meist sauber und ordentlich
- Logisch und faktenorientiert: zuerst die Grundfrage und ihr Hintergrund, danach Vorschläge
- Verlangt oft Einzelheiten und ergänzendes Material
- Schätzt technische Herausforderungen
- Stellt präzise Fragen, gibt genaue (manchmal fantasielose) Antworten
- Körperlich eher unauffällig
- Benutzt selten Wörter wie intuitiv, glauben, meinen, fühlen usw.
- Benutzt Wörter wie wissen, beweisen, analysieren, demonstrieren
- Nimmt sich in Meetings und bei Projekten Zeit für gründliche Analysen/Erklärungen
- Geringe körperliche Aktivität beim Sprechen und Zuhören, wenig Gestik und Mimik. Intensiver Blickkontakt beim Zuhören, seltener beim Sprechen
- Stimme meist eher leise
- Mag keinen Zeitdruck
- Stellt durchdachte Fragen
- Mag keine Konfrontation, kann schwierige Gespräche abbrechen

Auf den analytischen Stil eingehen

- Zu privaten und beruflichen Terminen pünktlich erscheinen
- Fakten und andere Materialien parat haben, um eigene Aussagen im Gespräch zu stützen
- Wörter wie intuitiv, Bauchgefühl, glauben, wünschen usw. meiden
- Wörter wie wissen, beweisen, beabsichtigen, demonstrieren, analysieren bevorzugen
- Nicht übertreiben, blumige Formulierungen meiden
- Fragen nicht zu hastig beantworten, nicht unterbrechen
- Nicht versuchen, das Gespräch zu beschleunigen
- Insgesamt zurückhaltend bleiben, nicht zu enthusiastisch oder zu forsch sein
- In einer anschließenden Nachricht die wichtigsten Absprachen und/oder offene Fragen zusammenfassen

4

Umgänglich

hilfsbereit, unterstützend, entgegenkommend, sympathisch, warm, sehnsüchtig, reflektiert, ausgleichend, ruhig, droht nicht

Den umgänglichen Stil erkennen

- Die Umgebung ist entspannt, jeder soll sich wohlfühlen.
- Zugewandt, freundlich, gesprächig, geduldig, hat keine Eile
- Braucht oft etwas Zeit, um »zur Sache zu kommen«
- Bezieht bei Entscheidungen die Gedanken und Gefühle anderer Menschen ein
- Legt Wert auf Harmonie
- Interessiert an persönlichen Erfahrungen des Gegenübers
- Stolz auf Beziehungen und Freunde
- Mag keine Konfrontation, kann schwierige Gespräche abbrechen
- Hält engen Blickkontakt, der sich bei Konflikten oder Unbehagen aber reduziert
- Wünscht sich Konsens und Harmonie, was zu Verzögerungen oder Aufschub führen kann
- Fair und stets bereit, andere zu verteidigen
- Mimik, Gestik und Bewegungen sollen Empathie schaffen und die Beziehung zu anderen aufbauen
- Loyaler und empathischer Unterstützer
- Setzt sich nicht immer genug für seine eigenen Belange ein
- Kann sich über Meinungen, Gefühle und Sorgen artikulieren

Auf den umgänglichen Stil eingehen

- Bei Zuspätkommen einen triftigen persönlichen Grund nennen
- Freundlich, warmherzig und gesprächsbereit sein
- Nach Familie oder persönlichen Interessen fragen
- Interesse am Befinden anderer zeigen
- Aus anderen als rein beruflichen Gründen miteinander kommunizieren
- Dankschreiben senden (auf etwas Bezug nehmen, das Sie über die Person erfahren haben)
- Nicht zu früh allzu direkt werden
- Andere, die von Entscheidungen oder Handlungen betroffen sind, einbeziehen
- In Meetings Beiträge des Gegenübers würdigen
- Erzählen Sie etwas von sich!

Begleitstile

Niemand lässt sich ausschließlich einem Kommunikationsstil zuordnen. Meist tendieren wir stärker zu einem Stil als zu den anderen, vor allem wenn wir unter Druck stehen oder angespannt sind. Zu jedem Stil gibt es verwandte Stile, in denen Sie sich ebenfalls wiedererkennen werden.

Es kommt sehr selten vor, dass eine Person Merkmale des diagonal entgegengesetzten Stils (siehe Grafik rechts) aufweist. Für Vertreter dieser entgegengesetzten Stile ist es oft besonders schwierig, miteinander zu kommunizieren. Aber darin steckt auch eine Chance.

Wie wir gesehen haben, lassen sich die Kommunikationsstile an bestimmten Merkmalen identifizieren. Wir alle haben bestimmte Vorlieben und Verhaltensmuster, die weder gut noch schlecht, weder richtig noch falsch sind. Sie sind einfach vorhanden.

Wenn Sie Ihren eigenen Stil kennen, können Sie sich und Ihre eingefahrenen körperlichen Muster leichter verstehen. Die verbesserte Selbstwahrnehmung hilft dabei, Verhaltensweisen zu erkennen, die Ihnen nicht nützen, und sie durch vorteilhaftere Verhaltensweisen und Reaktionen zu ersetzen.

Gleichzeitig lernen Sie, andere genauer und objektiver zu beobachten und Ihren eigenen Stil bewusst dem des Gegenübers anzunähern, um sich erfolgreich mit ihm auszutauschen und eine positive Beziehung aufzubauen.

PERSONENBEZOGEN

Expressiv

Die Begleitstile sind Umgänglich auf der einen und Direkt auf der anderen Seite. Eine Person kann ein expressiv-umgänglicher oder ein expressiv-direkter Typ sein.

Umgänglich

Die Begleitstile sind Analytisch auf der einen und Expressiv auf der anderen Seite. Eine Person kann ein umgänglich-analytischer oder ein umgänglich-expressiver Typ sein.

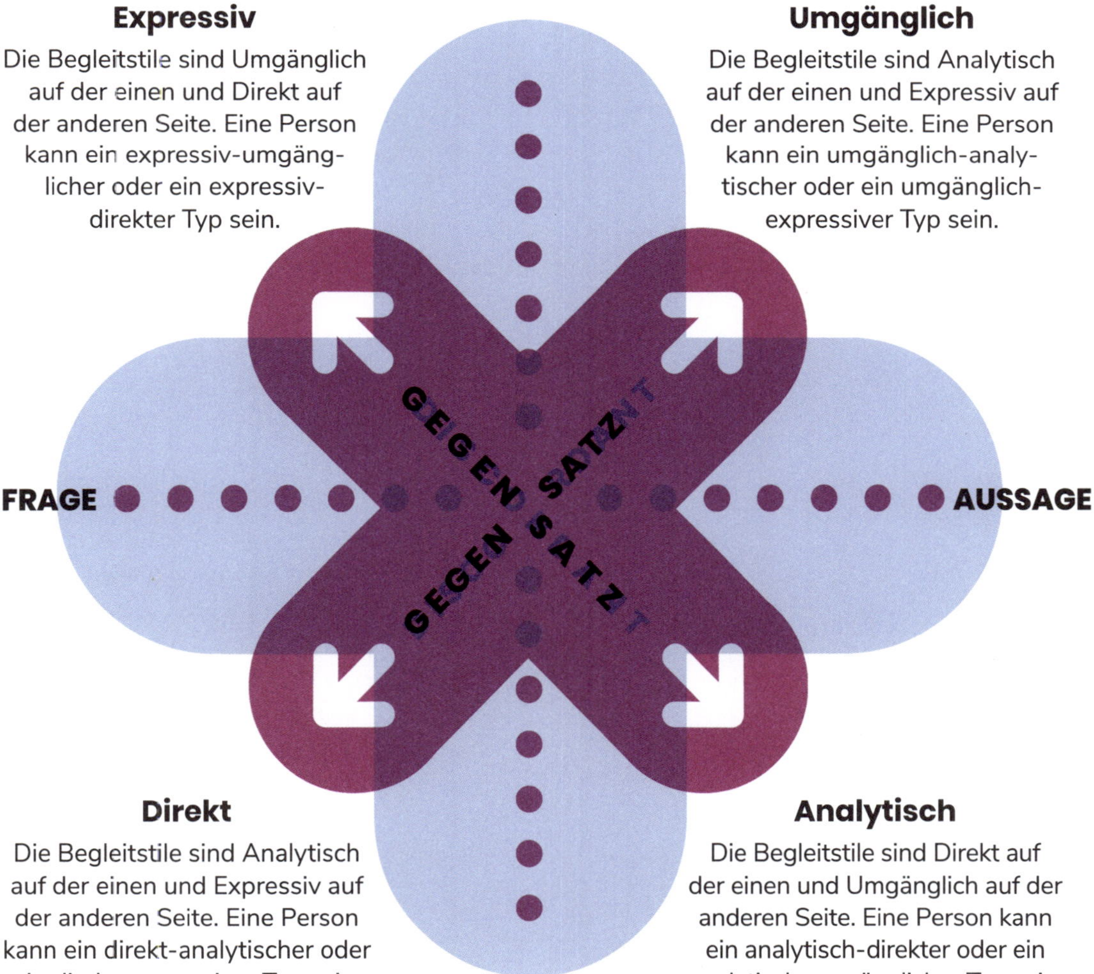

Direkt

Die Begleitstile sind Analytisch auf der einen und Expressiv auf der anderen Seite. Eine Person kann ein direkt-analytischer oder ein direkt-expressiver Typ sein.

Analytisch

Die Begleitstile sind Direkt auf der einen und Umgänglich auf der anderen Seite. Eine Person kann ein analytisch-direkter oder ein analytisch-umgänglicher Typ sein.

SACHBEZOGEN

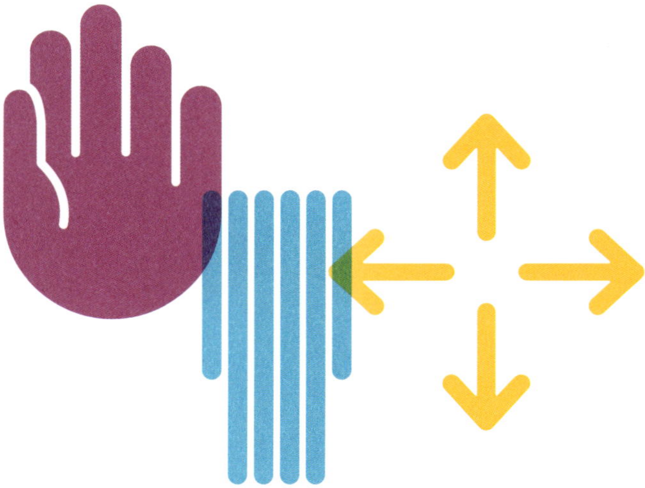

2

Haltung, Gestik und Bewegung

In diesem Kapitel beschäftigen wir uns mit der Wahrnehmung von Körperhaltung, Gestik und Bewegung im Raum, um sie dann in Kommunikationssituationen ganz gezielt einzusetzen.

Unser Körper ist der dreidimensionale Ausdruck unserer Gefühle und Gedanken. Unsere Körperhaltung entwickelt sich im Lauf vieler Jahre. Dabei können verschiedene Faktoren eine Rolle spielen, darunter mangelndes Körperbewusstsein, zu wenig Bewegung, ungeeignete Sitzmöbel, schlechte Ernährung, Gesundheitsstörungen, fehlendes Selbstbewusstsein, aber auch lange Reisen oder Müdigkeit sowie in manchen Fällen Medikamente oder Genussmittel.

Ich bezeichne Haltung, Gestik und Bewegung oft als »die drei Schwestern« der Körpersprache. In vielen Kulturen gibt es Geschichten über drei Schwestern. Sie unterscheiden sich im Detail, aber immer handeln sie von Frauen, die nach einer Trennung wieder zusammenfinden und stärker sind als je zuvor.

Die nordamerikanischen Irokesen praktizieren seit Urzeiten eine ganz praktische Variante dieses Prinzips: Sie pflanzen Mais, Kürbis und Bohnen zusammen, und alle drei Arten profitieren davon. Im Gartenbau nennt man so eine Nachbarschaft zum Nutzen aller Beteiligten Mischkultur.

Ähnlich eng sind meiner Erfahrung nach die Beziehungen zwischen Körperhaltung, Gestik und Bewegung. So kann eine Person ihre Haltung oft verbessern, indem sie an ihren Bewegungsabläufen arbeitet oder Arme, Hände und Kopf anders hält und bewegt. Wenn man einer der drei Schwestern Aufmerksamkeit widmet, profitieren meist auch die beiden anderen davon. Das Ausmaß ist individuell verschieden, aber die Verbindung ist vorhanden. Lange lassen sich die drei Schwestern nicht trennen.

Haltung

Während meiner Jugend legte man in den USA großen Wert auf eine gute Haltung. Federführend war die American Posture League, deren Empfehlungen von Medizinern und Lehrern übernommen wurden. In der Schule und zu Hause wurden Kinder ständig ermahnt, gerade zu sitzen und aufrecht zu gehen. Für eine schlechte Haltung wurde man öffentlich gerügt und für eine gute gelobt. Als kleines Mädchen musste ich lernen, dass eine gute Haltung wichtig ist, um beliebt zu sein. Wer sich hängen ließ, wurde schief angesehen.

Bei nicht wenigen meiner Altersgenossinnen rächt sich die geforderte übermäßig aufrechte Haltung unserer Kindheit nun: mit Rücken- und Nackenbeschwerden.

Stärke und Haltung

Wagen wir einen Zeitsprung zu einem interessanten Forschungsgebiet der Gegenwart. Wissenschaftler nehmen an, dass bestimmte Körperhaltungen eine biochemische Reaktion auslösen und so tatsächlich ein Gefühl der Stärke bewirken. Durch solche »Powerposen« wird die Ausschüttung bestimmter Hormone verstärkt und die Produktion anderer verringert. Man fühlt sich stärker und nimmt Stress weniger wahr, und dieses Gefühl hält eine Weile an. Ebenso kann eine kraftlose Haltung den Energiepegel absinken lassen und das Gefühl mangelnden Selbstvertrauens verstärken.

Unser Körper kann Selbstvertrauen und Selbstwertgefühl wachsen lassen, wenn wir es brauchen. Selbstverständlich wird die Körpersprache auch von der jeweiligen Gefühlslage beeinflusst. Wer sich seiner körperlichen und emotionalen Befindlichkeit bewusst ist, kann Schritt für Schritt lernen, sie zu beeinflussen. Nehmen Sie bewusst eine gute Körperhaltung ein. Nehmen Sie wahr, wie sie sich anfühlt und wie sie sich auf ihre momentane Stimmung auswirkt. Wiederholen Sie die Übung bei Bedarf.

Vereinfacht ausgedrückt wird eine Frau, die sich aufrecht hält, als gesund, selbstbewusst, attraktiv und stark wahrgenommen. Eine Frau mit krummer Haltung hält man für krank, kraftlos und unattraktiv. Wir Frauen finden uns zu leicht mit dem Gedanken ab, dass wir nur stark sein können, wenn wir uns auch so fühlen und so aussehen. Neue Forschungsergebnisse legen aber nahe, dass man durch einen anderen Umgang mit dem eigenen Körper seinen psychischen Zustand und so letztlich seine Lebenssituation beeinflussen kann.

Gute und schlechte Haltung

Den meisten Menschen ist klar, wie eine gute Haltung aussieht. In einer Vielzahl von Studien wurde untersucht, welche Haltung ideal für Knochen, Gelenke und Muskeln ist. Obwohl es zahllose Veröffentlichungen zum Thema gibt und wir so viel darüber wissen, sind Haltungsprobleme weitverbreitet. Typische Ursachen sind einseitige Belastungen, die langfristig zu Schäden an Bewegungsapparat und Knochen führen können.

»Wir alle haben etwa drei oder vier typische Haltungen, die unseren Gewohnheiten entsprechen und mit denen wir uns wohlfühlen.«

Nimmt man noch die körperlichen und emotionalen Herausforderungen dazu, die das Leben für uns bereithält, unser Selbstbild und das Selbstwertgefühl, dann ist es nicht weiter erstaunlich, dass wir mitunter die Haltung verlieren.

Eine gute Haltung hat nichts mit Posieren zu tun. Sie basiert auf einem guten Tragegerüst (dem gesunden Skelett) und unterliegt wie jede andere Konstruktion den natürlichen Gesetzen der Physik.

Bei Frauen sind häufig leichte Fehlhaltungen zu beobachten, die bewirken, dass der Körper insgesamt kraftlos und energiearm wirkt. Meine groß gewachsene Freundin Emmy hat in ihrer Jugend jahrelang den Rücken krumm gemacht und den Hals vorgestreckt. Sie wollte kleiner wirken, um leichter einen Partner zu finden. Bei einer anderen Freundin entwickelten sich die Brüste viel früher als bei den Altersgenossinnen, und sie wölbte jahrelang die Schultern vor, um das zu verstecken. In ihrer Familie galt es nicht als damenhaft, Aufmerksamkeit auf sich zu ziehen, also machte sie sich krumm und verschränkte die Arme vor dem Körper, um nicht aufzufallen.

Unabhängig von den Gründen können solche Fehlhaltungen mit der Zeit Muskel- und Gelenkbeschwerden nach sich ziehen. Auch die Gefühlslage spielt eine Rolle. Eine gebeugte Haltung zählt sogar zu den Diagnosekriterien für eine klinische Depression. Aufrechtes Sitzen und Stehen hingegen kann sich positiv auf die Stimmung auswirken.

Grundhaltungen

Wenn Bühnenkünstler eine andere Person imitieren oder parodieren, konzentrieren sie sich normalerweise auf ein oder zwei unverwechselbare Merkmale. So ist den Zuschauern vom ersten Moment an klar, wer da imitiert wird. Wir alle haben etwa drei oder vier typische Haltungen, die unseren Gewohnheiten entsprechen und mit denen wir uns wohlfühlen. Überlegen Sie einmal, wie Sie selbst meist sitzen oder stehen. Was würde ein Freund tun, wenn er Ihre Haltung imitieren sollte?

Unserer eigenen Grundhaltungen sind wir uns normalerweise nicht bewusst. Sie sind weder gut noch schlecht, weder richtig noch falsch, aber sie machen den Großteil unserer unbewussten Haltungen aus, und wir wiederholen sie ständig, ob sie nun gut für uns sind oder nicht.

Grundhaltungen im Stehen

Zu den häufigsten Grundhaltungen bei Frauen gehören die übertriebene Gewichtsverlagerung auf eine Seite (auch im Sitzen), die Verlagerung des Gewichts auf die Fersen oder Fußspitzen, gerundete Schultern und eine eingezogene Brust oder auch ein herausgedrückter Brustkorb (folglich eine vorgereckte Brust), ein seitlich geneigter Kopf oder leicht gedrehte Schultern und ein eher seitlicher Blick. Kommt Ihnen das irgendwie bekannt vor?

Wir nehmen solche Haltungen ein, ohne darüber nachzudenken, etwa wenn wir zuhören (am Telefon, in einem Meeting), einen Vortrag halten oder einfach plaudern, vor allem aber, wenn wir eine Idee oder einen Gedanken entwickeln oder eine Frage beantworten. Diese Haltungen treten also auf, wenn wir in einer Kommunikationssituation absichtsvoll als Sender oder Empfänger fungieren.

Beginnen wir mit dem ruhigen Stehen. Wenn Sie verstehen, wie wichtig eine ausgewogene, ruhige Grundhaltung ist, wird es Ihnen leichterfallen, Gewohnheiten abzulegen oder zu verändern, die Ihnen nicht dienlich sind. Selbst ein stillstehender Körper kann ein Trommelfeuer unbewusster Botschaften senden, die das Zuhören erschweren. Dadurch entsteht eine Diskrepanz zwischen dem, was wir vermitteln wollen, und dem, was wir tatsächlich vermitteln. Betrachten wir einige Grundhaltungen, die bei Frauen häufig vorkommen:

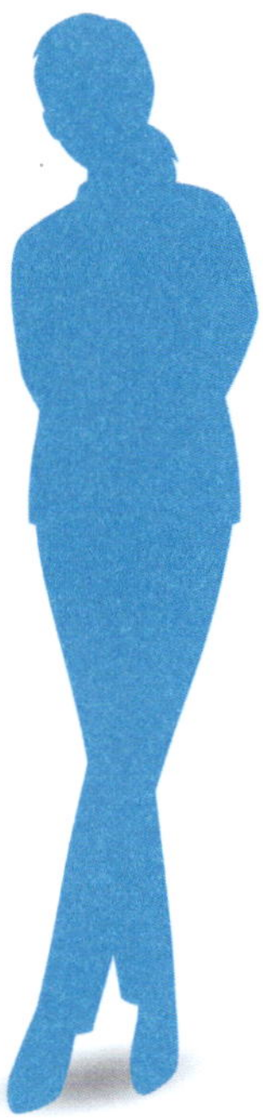

Gekreuzte Knöchel Kreuzt man im Stehen die Füße dicht voreinander, schiebt sich die Brust nach vorn und eine Schulter wird leicht angehoben. Dadurch ist der ganze Körper nicht im Gleichgewicht. Manche Klientinnen haben mir gesagt, dass diese Haltung gerade mit hohen Absätzen leicht einzunehmen ist. Für den Körper ist sie trotzdem ungesund. Außerdem kann diese Haltung Unentschlossenheit, mangelndes Engagement, Unverbindlichkeit oder Unsicherheit vermitteln.

Krumme Haltung Die Schultern sind gerundet, Hals und Kopf nach vorn geneigt, die Hände tief vor dem Körper oder seitlich hängend. Jeder, der viel am Bildschirm arbeitet, kennt den »Geierhals«. Diese Haltung vermittelt Antriebslosigkeit, Kraftlosigkeit und ein geringes Selbstvertrauen. Wer so steht, wird Mühe haben, Schwerpunkte zu vermitteln oder Prioritäten zu setzen, weil die Bewegung fehlt und die Hände eng am Körper gehalten werden. Frauen nehmen diese Haltung oft unbewusst ein, um sich nicht zu breit zu machen oder andere zu bedrängen.

Eine solche versammelte Körperhaltung kann als rücksichtsvoll oder bescheiden interpretiert werden. Seit Jahrhunderten gelten Haltungen, die Sanftmut, Freundlichkeit und Unterwerfung ausdrücken, als typisch weiblich. Ich denke aber, heute sollten sich Frauen bewusst für oder gegen solche Haltungen entscheiden können.

Die S-Kurve Damit meine ich eine übertriebene Krümmung der Wirbelsäule, um Brust und Gesäß vorzuschieben, denn diese Haltung gilt als besonders feminin. Ich kann diese Haltung nicht einmal in abgeschwächter Form lange durchhalten, ohne lachen zu müssen. In einem der witzigsten Videos, die ich kenne, versuchen Frauen für ein Foto die übertriebene S-Kurve von Comic- und Videospielfiguren nachzuahmen.

Die S-Haltung ist nicht nur ein Klischee für Weiblichkeit. Sie ist außerdem ungesund für den Rücken und bringt den Körper aus dem Gleichgewicht. In manchen Situationen kann sie für uns selbst und andere eine unerwünschte Ablenkung darstellen. Je nachdem, wie Sie die S-Haltung einsetzen, können Sie damit eine ganze Kette bewusster und unbewusster Reaktionen auslösen.

Der neutrale Stand

Der neutrale Stand vermittelt dem Körper ein Gefühl von Kraft und Erdung. Er lässt genug Spielraum, um sich mühelos vorwärts, rückwärts oder seitwärts zu bewegen. Diese Haltung ist sehr hilfreich, um klare Gedanken zu fassen, das emotionale und physische Gleichgewicht wiederherzustellen, das Bewusstsein zu schärfen und den Körper zur Ruhe zu bringen.

Der Zweck dieser Grundhaltung (und weiterer, um die es noch gehen wird) besteht darin, Ihnen die Basis für körperliche und emotionale Klarheit zu verschaffen und Ihr Selbstvertrauen zu stärken, wann immer es nötig ist. So vermeiden Sie es, durch Ihre Haltung Fehleinschätzungen zu provozieren oder vom eigentlichen Inhalt der Kommunikation abzulenken.

Skelett, Nervensystem, Verdauung und Atmung funktionieren in der neutralen Haltung am besten. Sie können Gesprächen aufmerksam folgen und erleichtern die Kommunikation, indem Sie keine Ablenkungen verursachen. Sie strahlen Aufmerksamkeit, Energie und Interesse aus. Andere werden Sie nicht als einschüchternd empfinden und sich leichter auf den Dialog einlassen.

Auf der übernächsten Seite finden Sie eine Übung für die neutrale Haltung auf ebenem Untergrund.

1. Die Füße stehen in hüftbreitem Abstand mit der ganzen Sohle auf dem Boden. Das Gewicht ist gleichmäßig auf beide Beine verteilt. Beobachten Sie sich: Keine S-Haltung einnehmen, den Rumpf nicht nach vorn oder zur Seite neigen.

2. Die Schultern entspannen, die Arme locker hängen lassen. Spüren Sie die wohltuende Streckung von Hals und Wirbelsäule und die leichtere Streckung zwischen Becken und Brustkorb.

3. Das Becken in eine neutrale Haltung bringen, nicht zu weit nach vorn oder hinten kippen.

4. Nehmen Sie sich einen Moment Zeit, um das angenehm stabile, ausgewogene Gefühl wahrzunehmen.

5. Setzen Sie nun den dominanten Fuß so weit vor, dass seine Ferse sich auf Höhe der Zehen des anderen Fußes befindet. Den hüftbreiten Abstand der Füße beibehalten. Die Knie nicht durchdrücken.

6. Das Gewicht bleibt auf beide Füße verteilt. Sie können den Körper jetzt leicht vor und zurück bewegen, ohne das Gleichgewicht zu verlieren.

7. Das Gewicht minimal auf den vorderen Fuß verlagern. Der hintere Fuß bleibt stehen, seine Ferse berührt den Boden, er trägt aber etwas weniger Gewicht als der vordere Fuß. Spüren Sie, wie sich durch die geringe Gewichtsverlagerung der Oberkörper etwas

hebt und der Körper sich streckt. Die Schultern sind entspannt, Brustkorb und Kinn befinden sich in einer natürlichen Position, der Körper muss sich nicht anstrengen.

8. Die Arme hängen locker herab, Hände und Handgelenke sind entspannt. Die Arme nun um 90 Grad anwinkeln (die Schultern bleiben entspannt) und die Hände vor dem Körper zusammenführen. Auch mit angewinkelten Armen (oder mit nur einem angewinkelten Arm) bleibt dies eine Ruheposition, aber die Hände sind einsatzbereit. Darum strahlt diese Haltung etwas mehr Energie, Stabilität und Aufmerksamkeit aus.

Haltung und Gesundheit

- Trainieren Sie die tief liegende Bauch- und Rückenmuskulatur. Core-Training, Pilates und einige Übungen aus dem Yoga können helfen, die Wirbelsäule gesund zu erhalten.
- Wenn Sie die Wahl haben, entscheiden Sie sich für Bewegung. Gehen Sie zu Fuß, nehmen Sie die Treppe, nutzen Sie jede Gelegenheit.
- Gestalten Sie Ihren Arbeitsplatz so, dass er eine gesunde Haltung unterstützt.
- Achten Sie bei Schuhen auf Qualität und Bequemlichkeit.
- Im Stehen die Knie nicht durchdrücken, sondern leicht beugen
- Nach 30 Minuten sitzender Tätigkeit aufstehen, bewegen, dehnen
- Trainieren Sie Ihre Wahrnehmung und korrigieren Sie Ihre Haltung, wenn Sie krumm oder zusammengesunken stehen oder sitzen.

Typische Sitzhaltungen

Gespräche mit Freunden und Familie finden meistens im Sitzen statt. Auch im Beruf sitzen wir viel: in Konferenzen, Einzelgesprächen, bei Telefonaten und Präsentationen. Die folgenden Sitzhaltungen sind bei Frauen besonders häufig zu beobachten.

Vorgebeugt Der Oberkörper ist nach vorn geneigt und wird von den Armen gestützt. Die Ellenbogen ruhen auf dem Tisch oder, wenn kein Tisch vorhanden ist, auf den Knien. Diese Haltung kann ausstrahlen, dass Sie geistesabwesend, abgelenkt oder müde sind, sie kann aber auch intensives Zuhören vermitteln. Die eingeknickte Haltung schränkt den Modulationsspielraum der Stimme ein.

Steif aufrecht Wer so sitzt, ist dem Tisch zu nahe. Eine meiner Klientinnen war sehr klein. Sie hatte die Gewohnheit, bei Meetings dicht an den Tisch zu rücken (Bauch an der Tischkante). Unterlagen, Smartphone, Notizblock und Stift verteilte sie akkurat geordnet in Reichweite ihrer Arme. Weil sie so nahe am Tisch saß, konnte sie nicht alle Gesprächsteilnehmer gut sehen, und ihrerseits wurde sie von Teilnehmern auf derselben Tischseite schlecht gesehen. Um

Blickkontakt aufzunehmen, musste sie sich weit vorbeugen oder vom Tisch abrücken, was sie als unangenehm empfand. Sie zog es vor, im »toten Winkel« zu bleiben.

Auf Distanz Wer zu weit vom Tisch entfernt sitzt, vermittelt den Eindruck, Distanz zum Geschehen einzunehmen. Dasselbe gilt, wenn man sich tief in den Sitz sinken lässt, die Beine übereinanderschlägt und das Gewicht auf eine Seite verlagert oder die Arme vor dem Körper verschränkt.

Bei allen bisher beschriebenen Sitzhaltungen kommt hinzu, dass jede Bewegung oder Verlagerung des Körpers übertrieben wirkt. Wenn Sie beispielsweise so weit vom Tisch entfernt sitzen, dass man Sie schlecht sieht, müssen Sie sich weit nach vorn beugen, um zu sprechen oder um sich sichtbar zu machen. Außerdem sind extreme Haltungen (vorgebeugt, steif aufrecht, zurückgelehnt) über längere Zeit nicht sonderlich bequem.

Zusammengesunken Die Schultern sind rund, die Hände liegen im Schoß. Diese Haltung ist in dreifacher Hinsicht ungesund: Der Solarplexus hat zu wenig Raum, die Schultern verspannen sich, und die Wirbelsäule wird belastet. Wer so sitzt, vermittelt den Eindruck, er wäre am liebsten gar nicht da oder fühle sich nicht würdig, Teil der Gesprächsrunde zu sein.

Eifrig Diese Haltung kann allzu beflissen wirken. Das Gesäß befindet sich ganz hinten auf der Sitzfläche, der Rücken ist gestreckt, die Schultern sind gerade oder leicht nach vorn geneigt, und die Hände ruhen – oft gefaltet – auf dem Tisch oder im Schoß.

Die neutrale Sitzhaltung

Diese Grundhaltung hilft, klare Gedanken zu fassen, emotional und körperlich ins Gleichgewicht zu kommen, die Aufmerksamkeit zu schärfen und den Körper zur Ruhe zu bringen. Der Stuhl sollte bequem, verstellbar und auf Ihre Körpergröße abgestimmt sein, und er sollte keine Elemente haben, an denen Sie mit der Kleidung hängen bleiben können – ganz gleich, was Sie tragen.

Probieren Sie diese Übung einmal aus:

1. Das Gewicht gleichmäßig auf beide Hüften verteilen

2. Die Stuhlkante befindet sich etwa in der Mitte Ihrer hinteren Oberschenkelmuskeln. Ihr Rücken muss die Rückenlehne nicht berühren.

3. Die Füße stehen nebeneinander, Sie können auch einen Fuß leicht vorschieben. Die Fußsohlen ganz auf dem Boden aufsetzen.

4. Der Abstand zum Tisch ist so bemessen, dass Sie die Unterarme bequem auflegen können.

5. Die Hände nebeneinander- oder locker aufeinanderlegen. Die Finger entspannen.

6. Schultern und Nacken entspannen. Das Kinn gerade halten.

Ist kein Tisch vorhanden, rücken Sie auf dem Stuhl so weit zurück, dass er Sie gut stützt. Die Wirbelsäule bleibt aktiv (d. h. nicht zusammensinken). Die Unterarme ruhen auf dem Schoß, die Hände sind entspannt. Das Kinn gerade halten. Wenn Sie die Beine übereinanderschlagen, das Gewicht nicht zu stark auf eine Seite verlagern.

Stehen nur Polstermöbel zur Verfügung, wählen Sie ein Modell, das Rücken und Beine gut stützt. Denken Sie daran, dass das Aufstehen aus einem Sessel schwierig sein kann, weil Kleidung unvorteilhaft verrutscht.

Haltungstipps für Rollstuhlfahrerinnen

Die meisten Regeln für längeres Sitzen gelten für normale Möbel und Rollstühle gleichermaßen. Nur wenn alle Körperteile in der richtigen Position sind, stimmt die Haltung.

- Das Becken muss gut gestützt sein, damit sich das Gewicht gleichmäßig auf beide Oberschenkel und Gesäßhälften verteilen kann.
- Aufrecht sitzen, die Schultern leicht nach hinten nehmen, nicht zusammensinken oder zu einer Seite kippen. Wenn Sie diese Position schlecht halten können, ist es umso wichtiger, dass die Lehne des Rollstuhls die gesamte Wirbelsäule stützt.
- Höhe und Position der Fußrasten müssen so eingestellt sein, dass Hüften und Knie im rechten Winkel stehen und das Gewicht gleichmäßig verteilt ist. Die Armlehnen so einstellen, dass sie die Arme stützen. Dann ist es einfacher, Schultern und Nacken entspannt aufrecht zu halten.
- Den Kopf gerade halten. Das Kinn ist gerade oder leicht gesenkt, der Hals aufrecht, um ihn leicht drehen zu können. Es belastet die Wirbelsäule, wenn der Kopf zu weit nach vorn oder hinten geneigt wird.

Gestik

Unsere Hände sorgen in der Körpersprache für die Zeichensetzung. Sie können unsere Aussagen untermalen und verstärken, aber auch von ihnen ablenken. Ich höre so oft: »Was soll ich mit meinen Händen tun?«, dass ich mir die Frage auf ein T-Shirt habe drucken lassen. Es ist eine Frage, die man sehr ernst nehmen sollte, denn Hände können in der Kommunikation so viel ausdrücken – von Energie und Stärke bis zu Verletzlichkeit. Hinzu kommt, dass Gesten auch kulturellen Prägungen unterliegen. Das heißt, sie bedeuten nicht überall auf der Welt dasselbe.

Ruhende Hände

Ein sehr wichtiger Aspekt der Gestik ist die Frage, wann und wie man die Hände ruhen lassen sollte. Wenn man die Hände ruhig halten kann, ergibt sich der Rest fast von allein, denn das bedeutet, dass man die Untätigkeit der Hände gut aushalten kann. Wer einmal gelernt hat, die Hände ruhig zu halten, kann sie viel bewusster und erkennbarer zum Verdeutlichen und Hervorheben einsetzen. Versuchen Sie, auch das Stillhalten der Hände als eine Form der Gestik zu betrachten.

Wenn Sie normalerweise in Gesprächen viel gestikulieren und es Ihnen schwerfällt, die Hände still zu halten, fangen Sie klein an. Dasselbe gilt aber auch, wenn Sie wenig gestikulieren und sich schwer vorstellen können, Ihre Gestik zu intensivieren. In beiden Fällen sollten Sie als Vorübung für das nächste Gespräch,

Meeting und oder eine Präsentation überlegen, welche Aussagen von einer begleitenden Geste profitieren würden. Überlegen Sie aber auch, bei welchen Punkten es vorteilhafter wäre, die Hände ruhen zu lassen. Üben Sie das Stillhalten zu Beginn, vielleicht auch während Sie eine Frage stellen, oder beim Beenden des Gesprächs. Wenn Sie sich darauf konzentrieren, Worte und Gesten in Einklang zu bringen, werden Ihre Aussagen interessanter und bedeutungsvoller.

Ich besuche seit Jahren gern Lyriklesungen – einerseits wegen der Gedichte, andererseits weil die Körpersprache ein wichtiger Aspekt des Vortrags und seiner Wahrnehmung ist. Die Interpretation – Sprechtempo, Stimmlage, Gestik und Mimik – lässt die Wörter erst lebendig werden, ohne jedoch die Sprache in den Hintergrund zu drängen. Da ich mich mit Körpersprache beschäftige, fasziniert mich dieses Zusammenspiel besonders. Der Vortragende gibt durch wohldosierte Körpersprache den Worten mehr Gewicht – mehr nicht.

Viele meiner Klienten habe ich schon gebeten, zu Übungszwecken einmal ein Gedicht still zu lesen, ohne die Lippen zu bewegen, und Rhythmus, Dynamik und Stimmung des Gedichts allein durch Gestik (und Mimik) auszudrücken. Probieren Sie das einmal aus. Es ist sehr interessant, Worte zum Leben zu erwecken, ohne zu sprechen. Zeichnen Sie die Übung auf Video auf, um sich anschließend anzuschauen, wie Sie damit zurechtkommen.

Verselbstständigte Gesten

Unsere Hände sind es gewohnt, etwas zu tun. Sind die Hände nicht beschäftigt, führen sie beim Sprechen und Zuhören oft Bewegungen aus, ohne dass wir es überhaupt bemerken würden. Solche verselbstständigten Gesten können Sprecher wie Zuhörer vom Inhalt eines Gesprächs ablenken. Die folgenden Formen kommen besonders häufig vor:

Ausschweifend Gemeint sind Gesten, die nicht in Einklang mit dem Gesagten stehen. Man könnte sie als Gegenstück zum »laut denken« bezeichnen. Hände und Arme bewegen sich oft kreisend, als würden sie versuchen, das richtige Wort zu »fangen«. Diese Gestik dient nicht der Betonung. Das kann dazu führen, dass die Bedeutung einer Aussage nicht angemessen wahrgenommen wird. Diese Gestik verleitet dazu, die Gedanken schweifen zu lassen oder suggeriert, dass ein Redner versucht, Zeit zu schinden.

Klein und versteckt In diese Kategorie fallen ineinander verkrampfte Hände oder Finger, die »Raute« (nur die Fingerspitzen berühren sich) oder verschränkte Finger unterhalb der Taillenhöhe, vor oder hinter dem

Körper. Solche Gesten werden oft mit geringem Durchsetzungsvermögen, Widerstreben oder Schüchternheit assoziiert.

Wer gern die Hände hinter dem Rücken verschränkt, wird sie nur selten zum Einsatz bringen, um ausdrucksvolle Gesten auszuführen. Und wenn er es tut, hält oft eine Hand den anderen Ellenbogen, sodass sich nur ein Unterarm bewegt. Verkrampfte Hände können dem Nervensystem Anspannung signalisieren.

An der Raute scheiden sich die Geister. Manchen gilt sie als Ausdruck von Scharfsinn und Selbstvertrauen. Wenn sie aber zur vorherrschenden Geste einer Person wird, ist deren sonstige Gestik oft ausdrucksarm.

Herumspielen Haare, Schmuck, Stifte, Smartphone, Ohrläppchen, Knöpfe und anderes muss oft als Blitzableiter für unbewusste nervliche Anspannung herhalten. Dieses Verhalten ist weitverbreitet und kann sehr leicht ablenken – ohne dass wir bemerken, was wir tun.

Bessere Gesten

Eine wichtige Grundgeste ist das entspannte Stillhalten der Hände. Schauen Sie sich auf den Illustrationen auf Seite 35 einmal die Hände an: Sie befinden sich etwa in Bauchnabelhöhe und greifen mit entspannten Fingern locker ineinander.

Eine andere Möglichkeit wäre, die Handflächen locker zusammenzulegen, die Daumen überkreuzt. Im Sitzen können die Hände locker verschränkt auf dem Schoß oder dem Tisch liegen. So sind sie gut zu sehen und jederzeit für eine aussagefähige Geste einsatzbereit. Solche ruhigen Handhaltungen wirken beruhigend. Denken Sie aber daran, dass die Hände nur entspannt sein können, wenn auch Schultern und Nacken entspannt sind.

Es gibt noch weitere Ruhehaltungen: Sie können die Hände einfach an den Seiten hängen lassen, locker auf eine Stuhllehne oder einen Tisch legen oder entspannt vor oder hinter dem Körper falten. Je nach Situation dürfen Sie die Hände auch in die Taschen stecken. Wenn Sie vor einer Präsentation aufgeregt sind und befürchten, dass Ihre Hände zittern könnten, halten Sie ein Notizbuch oder einen Block fest, um Ihre Muskeln zu beschäftigen.

Gesten wirken am besten, wenn der Zuhörer gleichzeitig Ihr Gesicht und Ihre Augen sehen kann. Der ideale Bewegungsbereich liegt mittig vor dem Körper, oberhalb der Taille, unterhalb des Gesichts, bei Bedarf etwas zu den Seiten ausgreifend. Eine Geste sollte immer zur gesprochenen Aussage passen und vollständig – vom Anfang bis zum Ende – ausgeführt werden.

Setzen Sie Ihre Hände bewusst und gezielt ein. Gestikulieren Sie nicht ständig, sondern nur dann, wenn Sie eine bestimmte Aussage unterstreichen möchten. Das ist wichtig, denn nur dann weckt die Geste die Aufmerksamkeit der Zuhörer und bewirkt, dass sich das Gesagte einprägt. Für alle, die nicht wissen, wie sie die Wirksamkeit ihrer Gestik verbessern können, habe ich einige Vorschläge zusammengestellt.

Aufzählen Sehr gut als nonverbale Verstärkung. Benutzen Sie die Finger einer Hand, oder legen Sie einen Finger locker an die Finger der anderen.

Zeigen Wenn Sie die Aufmerksamkeit auf einen Gegenstand oder eine Person lenken wollen, zeigen Sie mit der geöffneten Hand und geschlossenen Fingern. Um auf ein visuelles Hilfsmittel zu deuten, drehen Sie die Handfläche zu ihm hin (aber nicht nach außen) und lenken den Blick mit zwei Fingern. Wer vor einer großen Gruppe spricht, kann die Hand schließen und mit dem Daumen Richtung Zuhörer weisen.

Einerseits – andererseits Diese Geste gibt dem Zuhörer Orientierung, wenn Sie von verschiedenen Dingen sprechen. Wenn es beispielsweise um die Faktenlage vor und nach einem bestimmten Ereignis geht, verwenden Sie eine Hand für die Fakten vorher und die andere für die Fakten danach.

Zunahme oder Abnahme Während der Beschreibung solcher Veränderungen können Sie die Hände voneinander weg oder aufeinander zu bewegen.

Hand aufs Herz Geht es um ein emotionales Thema, führen Sie die Hände zum Herzen, um auszudrücken, dass es Ihnen wichtig ist (»am Herzen liegt«).

Versuchen Sie, diese Gesten bewusst in Gespräche einzubauen, um das zweckorientierte Gestikulieren zu üben. Ihre Aussagen werden dadurch einprägsamer.

Bewegung

Bewegung tut Körper, Geist und Seele gut. Für Menschen ohne Mobilitätseinschränkungen kann die Fähigkeit, sich planvoll zu bewegen, ein wichtiges Werkzeug der Kommunikation sein.

Bewegung ist für uns Menschen eine ganz natürliche Sache. Sie kann aber auch gezielt eingesetzt werden. Bedeutungstragende Bewegungen verstärken jede Aussage und können beim Sprecher wie beim Zuhörer starke Gefühle auslösen.

Wenn es um Bewegung geht, unterdrückt die Sozialisation von Frauen oft die natürlichen Neigungen. Studien haben gezeigt, dass Frauen ein breiteres Spektrum von Bewegungen nutzen als Männer, und das in weniger vorhersehbarer Weise. Das traditionelle Rollenmuster verlangt aber, dass wir uns nicht zu breit machen und andere nicht bedrängen.

Auch in meiner Berufspraxis habe ich erlebt, dass Frauen sich oft mit natürlicher Leichtigkeit bewegen. In der Kommunikation nutzen sie Bewegung und Raum, um Selbstsicherheit und Konzentration auszudrücken. Sie lernen schnell und erfassen oft leichter (als Männer), wie sich Ton und Stimmung der Kommunikation durch Bewegung beeinflussen lassen. Anfangs fällt es vielen nicht leicht, Bewegung gezielt einzusetzen, aber sie erlernen die wirkungsvollen Techniken meist schnell.

In Stresssituationen, in denen wir uns nicht frei bewegen können, sucht sich die Anspannung körperliche Ventile. Auf- und Abgehen, Zappeln, unkontrollierte Bewegungen, zu schnelles Gehen oder Sprechen oder flaches Atmen sind typische Zeichen von Nervosität. Fühlt man sich sicher und entspannt, werden auch die Bewegungen ruhiger und konzentrierter.

Es geht letztlich um die Art, wie Sie Ihren Körper durch Ihre Umgebung bewegen, wie Sie die Entfernung zwischen sich und anderen überbrücken, wie Sie von einem Platz zum anderen gelangen, wie und wo Sie anhalten, wie schnell Sie gehen und welche Körperhaltung Sie in der Bewegung einnehmen. Wenn es heißt, »sie beherrschte den ganzen Raum« oder »alle hingen an ihren Lippen«, so zeigt das, dass ein Mensch immer auch aufgrund der Art wahrgenommen wird, wie er sich bewegt.

Worin liegt nun die besondere Wirkung der Bewegung? Das kommt darauf an. Wenn Sie beispielsweise Personen überzeugen möchten, die einen ganz anderen Kommunikationsstil (siehe Kapitel 1) haben als Sie selbst, ist es hilfreich, sich diesen Zuhörern anzupassen. Nehmen wir an, Sie sind ein analytischer oder zurückhaltender Mensch und müssen mit einer Gruppe expressiver, lebhafterer Menschen reden. Dann kann es hilfreich sein, den Zuhörern entgegenzukommen, indem Sie die Energie Ihrer Gesten und Bewegungen um vielleicht 20 Prozent verstärken.

Ähnliches gilt, wenn Sie mit Freunden in einem Restaurant oder an einem anderen Ort mit einer intimeren Atmosphäre sind. Die Art des Gesprächs und die Entfernung zu den anderen Teilnehmern beeinflussen Ihre Gesten und Bewegungen.

Eingefahrene Muster

Viele verfestigte Bewegungsmuster entstehen aus Unsicherheit darüber, wie man den Raum um sich herum nutzt und wie man sich in Relation zu anderen Menschen und Gegenständen positioniert. Und immer spielt der Kontext eine Rolle.

Wenn Sie in der Öffentlichkeit sprechen, müssen Sie den Abstand zu den Zuhörern und die Größe des Raums berücksichtigen. Beides hat Einfluss darauf, wie gut die Zuhörer Sie sehen können. Damit Bewegungen wirken, müssen sie wahrgenommen werden. In diesem Fall dürfen Sie also gern etwas übertreiben. In einer Konferenz oder Präsentation dagegen ist die Bewegungsfreiheit meist eingeschränkt. Man steht oder sitzt an einer Stelle und verwendet möglicherweise eine Tafel oder Projektion, vielleicht wurden Unterlagen ausgeteilt. Bewegung scheint hier fehlt am Platz.

Hier folgen einige typische Bewegungsmuster. Vielleicht erkennen Sie sich wieder:

Beim Sprechen gehen Damit ist nicht gemeint, bei einem Spaziergang mit jemandem zu plaudern. Es geht um das Auf- und Abgehen in Situationen, in denen die Aufmerksamkeit eigentlich bei den Zuhörern sein sollte, etwa bei einer Präsentation, in einem Meeting oder einem Zweiergespräch. Hier entsteht der Eindruck, dass Sie beim Gehen denken. Das kann man sinnvoll einsetzen, wenn man weiß, wie und wann. Oft allerdings gehen die wichtigen Aussagen verloren, weil sie zum Fußboden oder zur Wand gesprochen werden statt zu den Zuhörern.

Nirgendwo Damit meine ich, eine ungeschickte Entfernung zu den Zuhörern zu wählen oder sich nicht in die zentrale Blickachse des Raums zu stellen. Vor allem Frauen halten gern etwas Abstand zum Geschehen (und werden dann schlecht gehört). Das wirkt, als würden sie sich nicht voll einbringen. Dadurch kann der Eindruck entstehen, sie seien zögerlich, unbeteiligt oder warteten auf die Aufforderung, aktiv zu werden. In der Körpersprache gibt es viele Aspekte, die in ähnlicher Weise Unsicherheit oder fehlendes Selbstbewusstsein vermitteln.

Schwanken Ein Bewegungsmuster, das an ein Metronom erinnert: Die Füße stehen fest auf dem Boden, aber der Oberkörper bewegt sich leicht vor und zurück. Häufig kommen noch andere Elemente hinzu, beispielsweise eng vor dem Körper verschränkte Arme, eine leise Stimme und manchmal nervöse, unruhige Hände. Solche Bewegungsmuster können den Eindruck vermitteln, man sei schüchtern, schlecht vorbereitet oder überfordert.

Gehen und sprechen wie ein Manager Einer klugen Person, die sich selbstbewusst, engagiert und aufmerksam präsentiert, hört man gern zu. In meiner Praxis habe ich mit vielen Menschen gearbeitet, die durchaus qualifiziert waren, dies aber durch ihre Art zu sprechen und zu gehen nicht gut vermitteln konnten. Jeder muss allerdings seine ganz eigene Art zu sprechen und zu gehen finden, denn davon hängt die authentische Wirkung ab.

Bessere Bewegungsmuster

Bedeutungstragende Bewegungen verschwinden zunehmend aus unserem Leben. Im Berufsalltag finden immer öfter virtuelle Meetings statt. Wir sitzen vor Bildschirmen und müssen uns eigentlich gar nicht bewegen.

Wie können wir trotzdem Bewegung in unsere Körpersprache einbeziehen? Immerhin ist sie eins der wirkungsvollsten Mittel, um Ton und Stimmung zu beeinflussen – wenn wir uns mit anderen im gleichen Raum befinden.

Bewegen kann man sich in jedem Raum: vor und zurück, seitwärts, auf und ab (im Stehen und im Sitzen). Wir können den Raum weitaus intensiver nutzen, als wir allgemein annehmen. Wenn es Ihnen gelingt, die Art und Weise, wie Sie Raum einnehmen, bewusst mit Ihrer Aussage in Einklang zu bringen, können Sie erheblich an Stärke gewinnen.

Die Stärke beruht aber darauf, dass alle Bewegungen zur Aussage passen, also Ihre Aussage und Absicht unterstützen. Wenn diese Kombination gelingt, ist es ein großer Gewinn. Anderenfalls kann Bewegung von der Aussage ablenken.

Jeder Platz, den Sie im Raum wählen, löst bei anderen unbewusste Assoziationen aus. Wenn Sie sich in größerem

»Wichtig ist, dass Sie sich mit dem Innehalten genauso wohlfühlen wie mit der Bewegung.«

Abstand zum Aktionszentrum des Raums befinden, sind Sie vielleicht zu weit vom Geschehen entfernt, um sich einzubringen. Zu dicht neben einer anderen Person zu stehen kann ein gewisses Unbehagen auslösen. Sicherlich wissen Sie auch, wie es sich anfühlt, in einem Meeting so zu sitzen, dass man schlecht gesehen wird, oder zu weit entfernt vom Entscheidungsträger. Jede Position, die Sie im Raum wählen, löst ein Gefühl aus, auch wenn Sie nicht darüber nachdenken. Grund genug, das in wichtigen Situationen zu berücksichtigen.

Bewegung kann nur wirkungsvoll sein, wenn sie bewusst ausgeführt wird: beginnen, selbstbewusst bis an den gewählten Ort gehen, dann anhalten. Erst wenn Sie bereit sind, bewegen Sie sich erneut, wieder vollständig bis ans Ziel. Dasselbe gilt für alle Aspekte der Körpersprache. Wichtig ist, dass Sie sich mit dem Innehalten genauso wohlfühlen wie mit der Bewegung. Nachfolgend stelle ich einige gute Grundmuster vor.

Hier bin ich Oft werde ich gefragt, wie man am besten einen Raum betritt und »einnimmt«. Dabei spielt die eigene Stimmung eine wichtige Rolle. Als ich mich einmal beklagte, dass ich nach der Arbeit noch zu einer Cocktailparty gehen sollte, sagte mir jemand: »In jedem steckt doch etwas Interessantes. Geh einfach hin und versuch herauszufinden, was es ist!« Neugier ist für jeden »Auftritt« ein wichtiger Verbündeter. Halten Sie beim Betreten eines Raums Kinn und Brust nach vorn gerichtet, die Schultern sind entspannt und leicht zurückgenommen. Die Arme halten Sie mit etwas Abstand zum Körper, und die Hände sollten unbedingt sichtbar sein.

Zielgerichtet Halten Sie nach dem Eintreten kurz inne, um sich zu orientieren. Dann entfernen Sie sich vom Eingang und führen, je nach Kontext, eine kleine, aber zielgerichtete Bewegung aus. Dies ist die erste eigentliche Handlung nach dem Betreten des Raums.

Nun könnten Sie Blickkontakt mit Kollegen oder Bekannten aufnehmen und sie begrüßen. Wenn Sie niemanden kennen, bleiben Sie dennoch entspannt und aufmerksam. Der Körper ist den anderen Personen zugewandt, Kinn und Augen geradeaus gerichtet. Je nach Kontext können Sie in dieser Situation Ihren Platz am Konferenztisch einnehmen, eine fremde Person begrüßen, zum Büfett gehen, den Gastgeber begrüßen oder sich einer kleinen Gruppe von Personen anschließen. Die Entscheidung fällt beim Betreten des Raums. Eine Freundin, die in solchen Situationen immer sehr nervös ist, plant solche Begegnungen vorher, indem sie sich mit jemandem im Raum verabredet oder direkt auf jemanden zugeht, den sie kennt. Ein Blick aufs Smartphone ist definitiv die falsche Aktion.

Ich habe etwas zu sagen In diesem Fall stehen oder sitzen Sie vor den Zuhörern, deren Aufmerksamkeit auf Sie gerichtet ist. Die Position vorn im Raum ist üblich, um eine Diskussion, ein Meeting oder eine Präsentation zu eröffnen oder zu leiten. Wer hier steht, nimmt eine Sonderstellung ein. Ähnlich wie ein Lehrer vor einer Schulklasse vermitteln Sie Informationen, und die Zuhörer sind auf Sie konzentriert. Diese Position ist empfehlenswert, um körperlich zu signalisieren, dass Sie startbereit sind, aber auch, um eine Konferenz zu eröffnen und zu beenden oder um anzukündigen, dass Sie etwas Wichtiges zu sagen haben.

Ich erkläre etwas Sehr hilfreich ist die »Lehrerposition«, wenn Sie die Aufmerksamkeit der Zuhörer auf eine Tafel oder ein anderes visuelles Hilfsmittel lenken möchten. Wenn Sie vor den Zuhörern stehen, sind deren Blicke sowohl auf Ihre Person als auch auf die Tafel gerichtet. Dadurch wird die Kommunikation erleichtert, und Sachverhalte werden besser verstanden. Sie müssen weit genug von der Tafel entfernt stehen, um die Sicht nicht zu behindern, aber gleichzeitig nahe genug, damit Ihre erklärende Funktion erkennbar bleibt. Diese Situation lässt sich als Dreieck veranschaulichen (siehe rechts), das die Beziehungen zwischen Ihnen und den Zuhörern, Ihnen und der Tafel sowie der Tafel und den Zuhörern darstellt. Diese Position ist empfehlenswert, wenn Sie etwas erklären und dabei dicht neben einem visuellen Hilfsmittel stehen.

Gemeinsame Sache machen Wenn ein Gemeinschaftsgefühl für Ihr Thema sinnvoll ist, verändern Sie Ihre Position so, dass Sie den gleichen Blickwinkel einnehmen wie die Zuhörer. Die Bewegung sollte jedoch kein Unbehagen erzeugen. Wenn Sie um den Tisch herumgehen, um die neue Position einzunehmen, bleiben Sie nicht zu dicht hinter einem Zuhörer stehen. Am besten stellen Sie sich schräg vor die nächste Person, aber nicht zu weit entfernt. Ihr Ziel ist ja, ein Gefühl der Partnerschaft mit den Zuhörern zu erzeugen. Indem Sie sich durch Ihre Bewegung in die Gruppe der Zuhörer integrieren, vermitteln Sie »das geht uns alle an« oder »schauen wir uns unser Ergebnis gemeinsam an« oder »betrachten wir gemeinsam die Aufgabe, die vor uns liegt«.

Ich stehe hinter euch In diesem Fall bewegen Sie sich zügig in den hinteren Bereich des Raums, während die Zuhörer nach vorn schauen, etwa zur Tafel. Damit erwecken Sie den Eindruck, Ihre Zuhörer anzutreiben, etwa wie ein Trainer seine Mannschaft anfeuert. Weil Sie für diese Bewegung ausreichend Platz brauchen, sollten Sie sich den Raum eventuell vorher anschauen und den Bewegungsablauf ausprobieren. Dies ist eine ausgezeichnete Strategie für Führungspersonen mit großen Teams und großen Zielen (und großen Räumen).

Bewegungen im Raum sollten Sie immer zielstrebig ausführen. Danach bleiben Sie stehen, um bewusst wahrzunehmen, wie sich die Position auf Sie und Ihre Aussage auswirkt. Bleiben Sie in Kontakt mit Ihren Zuhörern. Vermeiden Sie es, wichtige Aussagen an den Fußboden zu richten, weil Sie beim Gehen vor Ihre Füße schauen.

Um Positionsänderungen im Raum zu üben, ist es hilfreich, eine Skizze zu zeichnen (siehe rechts). Sie können sich auch in Ihrem Skript notieren, wann Sie beispielsweise vom Tisch aufstehen wollen, um das Startzeichen für eine Diskussion zu geben, wann Sie zu einer Tafel treten wollen, um etwas zu erklären, und wann Sie eine seitliche Position einnehmen wollen, um die Diskussion fortzuführen. Bleiben Sie dort eine Weile stehen, während Sie Sachverhalte darlegen oder Fragen aufwerfen. Dann gehen Sie zur anderen Seite des Raums, um weitere Erklärungen zu geben. Beginnen Sie mit kleinen, zielstrebigen Bewegungen im vorderen Bereich des Raums. In den meisten Fällen ist die Position des Erklärenden am einfachsten einzunehmen. Darauf können Sie mit der Zeit aufbauen.

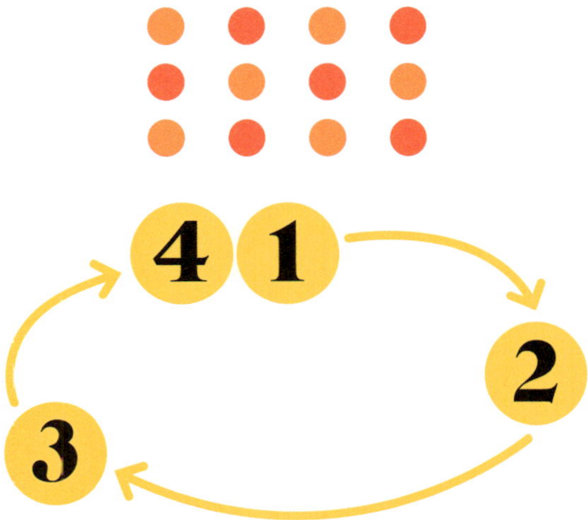

Wir haben gesehen, dass Bewegung im Raum Ton und Stimmung stark beeinflussen kann. Das gilt für bewusste, aber auch für unbewusste Bewegungen. Die meisten Menschen bewegen sich nicht absichtlich, sondern um unbewusst Spannung abzubauen oder weil sie aufgrund der räumlichen Gegebenheiten dazu gezwungen sind. Gute Bewegungsmuster helfen Ihnen dabei, die optimale Position im Raum zu finden, Aufmerksamkeit zu bündeln, Ihre Aussagen zu verstärken und dem natürlichen Bewegungsdrang Ihres Körpers nachzugeben.

Sie sehen, die drei Schwestern Haltung, Gestik und Bewegung können Sie in vielfältiger Weise unterstützen. Durch eine natürliche, ausbalancierte Haltung werden aussagefähige Gesten möglich, und beides hilft Ihnen, sich leicht und zuhörerwirksam zu bewegen. Sobald Sie sich nur einen dieser drei Aspekte bewusst machen, werden die anderen davon profitieren.

3 Blickkontakt

In diesem Kapitel geht es einerseits darum, durch bewussten Einsatz von Blickkontakt die Aufmerksamkeit des Gegenübers zu fesseln und ihn andererseits zu nutzen, um die eigene Konzentration, Selbstsicherheit und Ruhe in der Gesprächssituation zu stärken.

Ein Blick sagt mehr als tausend Worte. Innerhalb von Sekundenbruchteilen verrät er Gefühle oder Gedanken. Das hat Vor- und Nachteile. Wenn Sie nervös, unsicher oder schlecht vorbereitet sind, wird man es Ihnen ansehen. Aber man wird auch bemerken, wenn Sie gut vorbereitet, selbstsicher, interessiert und gelassen sind.

Den Blickkontakt bewusst zu suchen, ist eine Fähigkeit, die sich trainieren lässt. Aber unser Körper stellt ihn auch automatisch her – eine natürliche Körperfunktion wie das Gehen. Zuerst gilt es also, sich der Wirkung des Blickkontakts bewusst zu werden. Dann können Sie daran arbeiten.

Wie sich angemessener Blickkontakt definiert, hängt von vielen Faktoren ab: Erziehung und gesellschaftliche Konditionierung, kulturelle und soziale Normen, aber auch die Frage, wie es uns selbst damit geht. Wissenschaftlich belegt ist, dass die Aufnahme von Blickkontakt bei den Beteiligten verschiedene Gehirnaktivitäten auslöst. Wir wissen auch, dass das Gehirn zwischen dem Blickkontakt in einem Live-Videotelefonat und einem aufgezeichneten Video unterscheiden kann, selbst wenn man den Unterschied gar nicht bewusst wahrgenommen hat.

Blickkontakt betrifft verschiedene Bereiche des Gehirns, vor allem werden Kleinhirn und limbisches System aktiviert. Das limbische System steuert die Fähigkeit, Emotionen zu erkennen. Wir brauchen es, um Beziehungen und Vertrauen aufzubauen und Mitgefühl zu empfinden. Es spielt aber auch für die Selbstwahrnehmung eine Rolle. Blickkontakt ist also wichtig für zwischenmenschliche Beziehungen.

Wenn wir Blickkontakt meiden, entgeht unserem Gehirn alles, was es beim Blick in die Augen des Gegenübers wahrnehmen würde. Blickkontakt in Echtzeit bereitet den sozialen Teil des Gehirns darauf vor, den eigenen Gemütszustand mit einer anderen Person zu teilen. Er signalisiert Aufmerksamkeit und vermittelt dem Gegenüber das Gefühl: »Ich bin ganz bei dir.« Mit Aufmerksamkeit meine ich hier die Fähigkeit, zu beobachten, sich zu konzentrieren, achtsam zu sein oder sich intensiv jemandem zu widmen.

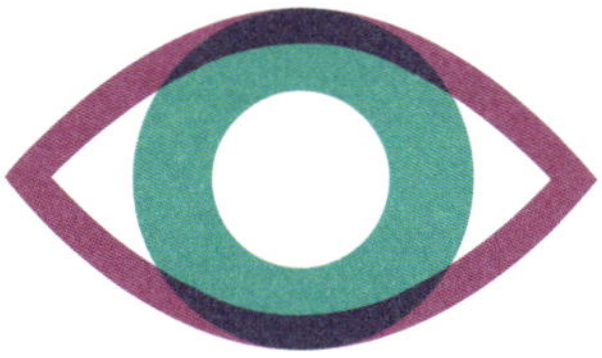

Wie viel Blickkontakt?

Wenn jemand ständig Blickkontakt hält, muss das nicht unbedingt ein Zeichen für besonders gute Kommunikationsfähigkeit sein – oft ist das Gegenteil der Fall. Die Situation spielt immer eine wichtige Rolle und die Reaktion des Gegenübers auf den Blickkontakt.

Beim Blickkontakt gibt es kaum allgemeingültige Regeln. Es kommt darauf an, wo Sie sind, mit wem, und was Sie erreichen wollen. Ob Sie in einem bestimmten Kontext viel oder wenig Blickkontakt halten, ist immer Ihre Entscheidung.

Aus meiner Erfahrung schätze ich, dass in der westlichen Welt sowie in vielen afrikanischen und lateinamerikanischen Ländern der Anteil des Blickkontakts beim Sprechen etwa 60–65 Prozent beträgt und beim Zuhören etwa 75 Prozent. In Asien habe ich andere Beobachtungen gemacht. Während meiner Tätigkeit in Japan habe ich gelernt, mein natürliches Maß an Blickkontakt in Gesprächen zu reduzieren, um nicht zu direkt oder gar respektlos zu erscheinen.

Das war schwierig für mich, denn meine kulturelle und soziale Prägung hatten mich gelehrt, dass Blickkontakt meiner Rolle als Coach Autorität verleiht. Das ist aber nicht überall auf der Welt so.

Sprechen und Blickkontakt

Manchmal ist es schwierig, beim Sprechen Blickkontakt zu halten. Gerade wenn man nach Wörtern sucht, lässt man den Blick lieber schweifen. Einigen Studien zufolge ist es sogar schwieriger, beim Sprechen Blickkontakt zu halten, weil wir uns dann stärker selbst wahrnehmen und dadurch möglicherweise den Faden verlieren können. Manchmal hat man das Gefühl, den Blickkontakt abbrechen zu müssen, um sich zu sammeln oder zu konzentrieren.

Das geschieht vor allem in Stresssituationen, etwa während einer wichtigen Präsentation, in einem schwierigen Gespräch oder einer Konfrontationssituation. Es ist eine natürliche Reaktion, dann den Blick abzuwenden. Mit etwas Übung kann man aber lernen, diesen Reflex zu kontrollieren.

Wer den Blickkontakt effektiv einsetzen will, muss flexibel sein und lernen, ihn je nach Situationskontext zu intensivieren oder zu verringern. Wenn Sie sich daran gewöhnt haben, Blickkontakt bewusst einzusetzen, werden Sie mit der Zeit immer weniger durch die Eigenwahrnehmung abgelenkt werden. Die Verbesserung des Blickkontakts hilft, auch andere Aspekte der Körpersprache und der Kommunikation zu verfeinern. Wer seinen Umgang mit dem Blickkontakt bewusst verbessern kann, schafft fast alles!

Verhaltensmuster

Auch beim Blickkontakt sind häufig verfestigte Verhaltensweisen zu beobachten, die einen falschen Eindruck vermitteln. Es gibt beispielsweise Situationen, in denen es wichtig wäre, dass Sie Ihre Argumente oder Ihre Wünsche deutlich machen, aber Ihr Gegenüber gewinnt den Eindruck, dass Sie nicht bei der Sache sind. Blickkontakt kann aus dem Ruder laufen, wenn wir unter Stress stehen, uns unsicher fühlen oder uns selbst zu stark wahrnehmen. Dann gelingt es schlecht, ein Anliegen klar zu vermitteln, weil der Blickkontakt (oder vielmehr sein Fehlen) etwas anderes suggeriert. Dieses Problem wird verstärkt, wenn man sich des eigenen Umgangs mit dem Blickkontakt nicht bewusst ist.

Schauen wir uns einige typische Verhaltensmuster an, die vor allem bei Frauen oft zu beobachten sind.

Plötzlicher Abbruch Es kommt relativ häufig vor, dass eine Person den Blickkontakt abbricht, bevor sie ihre Aussage beendet hat. Hier ist das Timing das Problem: Der Blickkontakt endet, bevor der Satz ganz ausgesprochen ist, also zu einem Zeitpunkt, zu dem es wichtig wäre, das Gegenüber anzuschauen, um die Wichtigkeit der Aussage zu betonen. Stattdessen wandert der Blick auf den Tisch, die Hände, den Fußboden oder – in einer Präsentation – auf ein visuelles Hilfsmittel. So schwächt der Sprecher die Bedeutung seiner Aussage ab, und den Zuhörern entgeht die Wichtigkeit.

Hier und da Gemeint ist ein Blick, der ziellos schweift, aber nichts wirklich sieht. Anfangs mag der Zuhörer noch denken, dass der Sprecher Blickkontakt herstellt, aber die Augen nehmen nichts wahr. Sie wandern lediglich – zum Fußboden, zur Decke, durch den ganzen Raum – ohne irgendwo innezuhalten. Menschen mit dieser Gewohnheit können sich selten an Gesichter erinnern, sie nehmen Nuancen schlecht wahr, und ihnen entgeht das direkte Feedback der Zuhörer. Diese Menschen reden oft sehr schnell und haben das Gefühl, Atempausen zu brauchen. Sicher haben Sie auf einer Party schon erlebt, dass Ihnen jemand die Hand schüttelt, dabei aber den Blick durch den Raum schweifen lässt.

Zu viel oder zu wenig Hier geht es um eine Art des Blickkontakts, die den Zuhörer ablenken kann. Er kann entweder zu intensiv sein (anhaltendes Starren) oder zu schwach. Andere Beispiele sind ein übertriebener Blick nach oben, unten oder zur Seite, übermäßiges Blinzeln oder Zusammenkneifen der Augen. Manchmal erklären sich solche Verhaltensweisen durch kulturelle Erwartungen, persönliche Prägung, Menschenscheu oder eine autistische Störung (siehe nächste Seite).

In der westlichen Welt wird Blickkontakt meist begrüßt, Alter und Geschlecht spielen dabei keine Rolle. Da ich meinen Beruf hauptsächlich in der Geschäftswelt ausübe, wage ich zu behaupten, dass sie unsere Erwartungen in Bezug auf den Blickkontakt beeinflusst hat. Wer in andere Länder reist, sollte aber die ungeschriebenen Gesetze kennen und beachten, die beispielsweise zwischen Gesprächspartnern verschiedenen Geschlechts oder Alters gelten. Gerade wegen dieser Unterschiede sind Verallgemeinerungen schwierig. Ich möchte Ihnen aber zeigen, wie Sie Ihre Sensibilität für den angemessenen Blickkontakt schärfen können.

Eine neuere Studie hat gezeigt, dass Menschen mit autistischen Zügen Blickkontakt schlecht aufrechterhalten können, weil er eine übermäßige Gehirnaktivität auslöst. Alle meine autistischen Klienten haben mir bestätigt, dass sie Blickkontakt als sehr unangenehm empfinden. Es gibt aber auch viele andere Menschen, bei denen Blickkontakt ein gewisses Maß an Unbehagen auslöst. Menschen, die erhebliche Schwierigkeiten haben, anderen direkt in die Augen zu schauen, sollten sich vertrauensvoll an ihren Hausarzt oder einen Psychologen wenden, um das Problem zu besprechen und Lösungsstrategien zu entwickeln.

Grundtechniken des Blickkontakts

In jeder Kommunikationssituation stehen Sie mit Einzelpersonen im Dialog, denn jede Person, ob nun als Individuum oder Mitglied einer Gruppe, erlebt die Situation in ihrer ganz individuellen Weise. Jede einzelne Person geht mit einem subjektiven Gefühl aus der Kommunikationssituation heraus, beispielsweise zufrieden, begeistert, fasziniert oder gleichgültig.

Selbst bei allerbester Absicht kann in der Kommunikation einiges schiefgehen. Das Risiko lässt sich aber deutlich verringern, wenn man sich vorbereitet

»Aufmerksamkeit ist wie ein Stück Kuchen, den Sie selbst nach Belieben aufschneiden und verteilen können.«

und sich bewusst macht, wie man sein Anliegen am besten vermittelt. Dabei spielt der Blickkontakt eine entscheidende Rolle.

Ich habe bereits erklärt, dass Blickkontakt eine Form der Aufmerksamkeit ist und das Gehirn darauf vorbereitet, einer anderen Person Einblicke in den eigenen Gemütszustand zu geben. Stellen Sie sich diese Aufmerksamkeit wie einen Kuchen vor, den Sie selbst nach Belieben aufschneiden und verteilen können. Den meisten Leuten schmeckt er gut, und er ist unerschöpflich. Wenn die Nachfrage nach Ihrer Aufmerksamkeit zunimmt, wird der Kuchen größer.

In der Kommunikation wenden Sie sich an eine Person oder eine Gruppe. Das gilt im Beruf wie im Privatleben. Je nach Situation können Ihnen manche Personen wichtiger sein als andere. Wenn Sie ein Meeting leiten oder einen Vortrag halten, möchten Sie vielleicht vor allem die einflussreichen Zuhörer überzeugen. In einem anderen Fall möchten Sie nur informieren oder klarstellen, dass Sie Experte für ein Thema sind. Wie viel Blickkontakt Sie zu einer Person halten, steht in direktem Zusammenhang zu deren Bedeutung für Ihr Wohlbefinden oder Ihren Erfolg.

Eins-zu-eins-Blickkontakt

Den meisten Menschen fällt es leicht, 3–4 Sekunden lang Blickkontakt zu Fremden zu halten, und etwas länger, wenn der Fremde vertrauenswürdig wirkt. Allerdings können Sie nicht gleich zu Beginn wissen, wie das Gegenüber zu Ihnen steht und wie leicht es ihm fällt, Blickkontakt zu halten

Anpassen und steigern

Dies ist eine Strategie, die Ihnen Spielraum lässt und sich vor allem in Zweiergesprächen bewährt hat. Versuchen Sie zuerst herauszufinden, wie es Ihrem Gegenüber mit dem Blickkontakt geht. Achten Sie auf kleine Hinweise und passen Sie sich an. Vielleicht wird Ihr Gegenüber gesprächiger, intensiviert den Blickkontakt, bringt sich stärker ein. Ist das nicht der Fall, verstärken Sie den Blickkontakt, aber behutsam und immer am Gegenüber orientiert. Diese Vorgehensweise ist in Zweiergesprächen meist erfolgreich. Sucht andererseits Ihr Gegenüber intensiveren Blickkontakt, als Ihnen angenehm ist, passen Sie sich nicht an. Wenn die Strategie »anpassen und steigern« funktioniert, können Sie 50 Prozent Blickkontakt beim Sprechen und 70 Prozent beim Zuhören anstreben.

Versuchen Sie zuerst, den Blickkontakt 5–6 Sekunden lang zu halten und ihn möglichst eng auf das abzustimmen, was Sie mitzuteilen haben. So dient er der zwischenmenschlichen Beziehung und unterstreicht zugleich Ihre Aussage. Halten Sie den Blickkontakt immer bis zum Ende eines Satzes, bei besonders wichtigen Aussagen und in Pausen.

Das Bedürfnis wegzuschauen ist ganz normal. Geben Sie ihm nach, aber langsam und bewusst. Wenn Sie den Blick zu schnell abwenden, können Sie nervös, schüchtern oder wankelmütig wirken. Wenden Sie den Blick langsam zur Seite, um anschließend den Blickkontakt wieder aufzunehmen. Begleiten Sie das Abwenden des Blicks mit einer Geste oder einem Nicken, oder notieren Sie etwas (aber bitte nicht aufs Smartphone schauen).

Meinen Klienten gebe ich auch den Tipp, nicht wegzuschauen, sondern das Gesicht des Gegenübers anders zu betrachten. Stellen Sie sich ein Dreieck vor, das die Augen und den Mund verbindet. Wenn Sie eine Blickkontakt-Pause brauchen, folgen Sie mit den Augen diesem Dreieck. Pausieren Sie kurz an jedem Auge und am Mund. So können Sie sich vom direkten Blickkontakt kurz »erholen«. Es empfiehlt sich aber, diese Technik nicht zu oft anzuwenden.

Vor- und Nachlauf

Sehr wirkungsvoll ist es, schon 2–3 Sekunden vor dem Sprechen Blickkontakt aufzunehmen. Dadurch fokussieren Sie Ihre eigene Aufmerksamkeit und die des Gegenübers. Halten Sie auch nach Ihrem Gesprächsbeitrag den Blickkontakt noch 2–3 Sekunden. Sie verstärken dadurch die Beziehung zu Ihrem Gesprächspartner über den reinen Sprechakt hinaus.

Große und kleine Gruppen

Ich habe bereits erwähnt, dass jeder Zuhörer in einer Gruppe für sich entscheidet, ob Ihre Ausführungen ihm einleuchten oder ihn überzeugen. Durch bewussten Einsatz von Blickkontakt können Sie Ihre Wirkung auf die Zuhörer beeinflussen. Je nach Situation könnten Sie eine der folgenden Strategien anwenden:

1. Die Entscheidungsträger kennen Wenn Sie in einem Meeting eine Gruppe von Personen überzeugen wollen, werden unter den Zuhörern einige Entscheidungsträger sein, während andere die Entscheidung beeinflussen. Aus dieser Verteilung ergibt sich, wie viel Blickkontakt – also Aufmerksamkeit – Sie im Idealfall den einzelnen Personen widmen sollten.

Für einen Entscheidungsträger sollten Blickkontakt und Aufmerksamkeit bei 60 Prozent liegen. Damit zeigen Sie, dass Sie wissen, wer das Sagen hat, und welche Informationen Sie dieser Person zu welchem Zeitpunkt geben müssen. Bei den Informationen für die Entscheidungsträger handelt es sich meistens um die wichtigsten Punkte Ihres Gesprächsbeitrags, und es wäre unsinnig, sich mit diesen an die falsche Person zu wenden.

Ich habe Situationen erlebt, in denen ich zu entscheiden hatte. Die sprechende Person hatte aber ihre Hausaufgaben nicht gemacht und wandte sich mit entscheidungsrelevanten Belangen, für die ich zuständig war, an die falsche Person. Wer jemals als Entscheidungsträger links liegengelassen wurde, weiß, wie sich das anfühlt.

2. Wissen, wer Einfluss hat In der Regel befinden sich im Raum einige Personen mit besonderem Einfluss. Ihnen sollte der zweitgrößte Anteil von Blickkontakt und Aufmerksamkeit zukommen. Für die endgültige Entscheidung stellen diese Personen oft das Zünglein an der Waage dar, beispielsweise weil sie dafür verantwortlich sind, die von Ihnen vorgetragenen Empfehlungen umzusetzen. Sie sollten wissen, wer was und wie beeinflusst, und Ihren Blickkontakt entsprechend verteilen.

3. Alle gleich behandeln Ebenso kann es vorkommen, dass die Gesprächsteilnehmer gleichberechtigte Kollegen, Bekannte oder Partner sind. Dann sollten Sie alle gleich behandeln, denn es hätte keinen Nutzen, Ihre Aufmerksamkeit so zu verteilen, als ob es Machtunterschiede unter den Zuhörern gäbe. Allen kommt das gleiche Maß an Blickkontakt zu. Diese Strategie empfiehlt sich auch, wenn Sie über die Machtverhältnisse oder die Wege der Entscheidungsfindung nicht informiert sind. Wenn Sie anfangs den Blickkontakt gleichmäßig verteilen, werden sich die wichtigen Personen in der Regel recht bald zu erkennen geben.

Den Blickkontakt gleichmäßig zu verteilen bedeutet keinesfalls, mechanisch vorzugehen, also beispielsweise die Personen im Uhrzeigersinn anzuschauen oder im Zickzack wie beim Schnüren eines Schuhs. Das wäre für Sie ein unnatürliches Verhalten, und es lenkt die Betrachter ab. Auch hier gilt wieder, dass jeder Zuhörer seine individuelle Wahrnehmung hat. Es geht also darum, jedem genügend Blickkontakt zukommen zu lassen, sodass alle das Gefühl haben, gleich behandelt zu werden. Dabei sollten Sie bedenken, dass die Schwelle zum Unbehagen bei jedem etwas anders gelagert sein dürfte.

Stellen Sie sich eine Personengruppe wie eine Weintraube vor. Es ist nicht möglich, alle gleichzeitig anzuschauen. Echter Blickkontakt ist jeweils mit zwei oder drei Personen möglich, vielleicht noch mit fünf oder sechs. Mehr wäre unrealistisch. Schauen Sie also am Konferenztisch oder auch vor einer größeren Gruppe eine Person und zwei oder drei ihrer Nachbarn an. Führen Sie Ihren Gedanken zu Ende, und wenden Sie sich dann dem nächsten überschaubaren Cluster zu. Vermeiden Sie abrupte Blickwendungen nach rechts oder links, und gehen Sie nicht mechanisch im Uhrzeigersinn vor.

4

4. Sprechen in der Öffentlichkeit Dieselbe Technik kann beim Sprechen in der Öffentlichkeit angewandt werden. Raum und Gruppe sind größer, dennoch haben Sie Individuen vor sich, die sich persönlich angesprochen fühlen möchten. Das gelingt mit der Cluster-Methode. Wegen der größeren Entfernung zu den Zuhörern ist es schwieriger als in einem kleinen Raum, ein Gefühl der Nähe herzustellen. Um gesehen zu werden, sollten Sie darum etwas übertreiben. In einem kleinen Raum sehen die Zuhörer, wenn Sie die Augen von links nach rechts bewegen. In der Öffentlichkeit müssen Sie sich den einzelnen Clustern deutlicher zuwenden.

Die Entfernung zu den Zuhörern hat aber auch einen Vorteil. Wenn Sie zu einer Person tatsächlich Blickkontakt herstellen, fühlen sich fünf oder sechs Personen in deren direkter Umgebung ebenfalls angeschaut. So entsteht ein Cluster von allein. Halten Sie den Blickkontakt, bis Sie Ihre Aussage beendet haben. Dann wenden Sie sich einem anderen Cluster zu. Mechanisch wirkende Muster, etwa in Reihen oder im Zickzack, sollten Sie dabei vermeiden. Wenden Sie beim Sprechen dem jeweiligen Cluster auch den Körper zu, als würden Sie nur zu diesen Personen sprechen. Dann richten Sie Ihre Aufmerksamkeit und Ihren Körper auf eine andere Gruppe, und so weiter – mal in der Mitte des Raums, mal an der Seite, mal vorn oder hinten. So verteilen Sie Ihre Aufmerksamkeit gleichmäßig auf die Personen oder Cluster im Raum. Weil die übrigen Zuschauer diesen Ablauf wahrnehmen, entsteht der Eindruck eines Gesprächs zwischen Ihnen und dem gesamten Publikum. (Im Unterschied zu Rednern, die ausschließlich die Rückwand des Raums fixieren oder ihren Blick hin und her schweifen lassen, als würden sie ihre Aussagen mit einem Schlauch versprühen.) Die Technik erfordert etwas Übung, aber wenn Sie den Bogen erst einmal heraushaben, wird Ihnen der größte Raum klein erscheinen.

Wenn Sie an Ihrem Blickkontakt arbeiten, verbessern Sie gleichzeitig Ihre Fähigkeit, Ihre Aufmerksamkeit zu fokussieren und die Qualität dieser Aufmerksamkeit. Sie trainieren Ihre Selbstwahrnehmung, bleiben auch unter Druck selbstsicher, und das wirkt sich positiv auf Ihre Körpersprache aus.

Blickkontakt üben

Hier finden Sie Übungen, um den Blickkontakt zu verbessern. Für einige brauchen Sie einen oder mehrere Trainingspartner. Für den Anfang können Sie aber auch einfach im Alltag den Blickkontakt mit Familienmitgliedern oder Freunden intensivieren. Gute »Helfer« sind außerdem Menschen in Dienstleistungsberufen, etwa ein Kellner im Restaurant oder die Kassiererin im Supermarkt. Wer einen latenten Widerwillen gegen Blickkontakt hat, kann ihn auf diese Weise allmählich überwinden und sicherer werden.

Meine Kollegen und ich führen die hier vorgestellten Übungen seit Jahrzehnten mit Klienten durch, die mehr Sicherheit im Auftreten gewinnen möchten. Die Übungen sind intensiv und übertrieben, denn ihr Sinn besteht vor allem darin, dass Sie sich in Bezug auf den Blickkontakt Ihrer eigenen Komfortzone bewusst werden und diese dann in verschiedenen Situationen zu erweitern lernen. Es geht nicht darum, Menschen anzustarren. Sie sollen vielmehr das unterschwellige Unbehagen, Menschen anzuschauen und angeschaut zu werden, allmählich ablegen. Das lässt sich durch Training durchaus erreichen. Ich empfehle, die folgenden Übungen an einem ungestörten Ort durchzuführen, beispielsweise zu Hause oder im Büro bei geschlossener Tür.

Gegenübersitzen und schweigen Sie brauchen eine vertraute Person als Helfer. Beide sitzen einander gegenüber, die Füße flach auf dem Boden, die Knie fast geschlossen. Die Schultern entspannen, die Hände auf den Schoß legen und normal atmen. Einen Timer auf 2 Minuten stellen. Gesprochen wird nicht.

1

1. Schauen Sie Ihr Gegenüber an. Wandern Sie mit dem Blick von Auge zu Auge, sonst nirgendwohin im Gesicht. Vielleicht finden Sie das unbehaglich, müssen lachen oder möchten etwas sagen. Das ist normal. Einfach ruhig atmen, um sich zu sammeln, und den Blickkontakt wieder aufnehmen. Falls Sie wegschauen müssen, tun Sie es. Wenn Sie bereit sind, führen Sie die Übung fort.

2. Mindestens 2, besser 3 Minuten durchhalten. Dreimal wiederholen, dazwischen kurze Pausen einlegen. Am Ende danken Sie Ihrem Partner.

Wie hat es sich angefühlt? Was haben Sie beobachtet? Es gibt keine richtigen oder falschen Antworten.

Gegenübersitzen und sprechen Wie oben beginnen. Die Aufgabe ist jetzt, eine Frage zu beantworten und dabei vollen Blickkontakt zu halten.

2

1. Jeder wählt Themen, zu denen der Partner fünf Begriffe nennen soll (Lieblingsspeisen, berühmte Filme, aktuelle Ereignisse usw.). Die Übung dauert 3–5 Minuten.

2. Beide Personen schauen sich an. Legen Sie fest, wer beginnt. Vom ersten Wort an halten Sie beim Fragen und Antworten ständigen Blickkontakt, auch wenn es schwerfällt. Nach der Runde die Rollen wechseln. Jeder muss zweimal Fragen stellen und zweimal Antworten geben. Die Fragen dürfen Sie vorher selbstverständlich nicht verraten.

Sie werden feststellen, dass es schwierig ist, den Blickkontakt zu halten, wenn man nach einer Antwort sucht. Mit dieser Übung sollen Sie erkennen, wie sich Ihr Blickkontakt unter Druck unbewusst verändert. Wie hat es sich angefühlt? Was haben Sie beobachtet? Es gibt keine richtigen oder falschen Antworten.

3

In der Gruppe, stehen und schweigen Dies ist eine Übung für drei bis zehn Personen.

1. Eine Person steht vorn im Raum oder am Kopfende eines Tischs. Die übrigen Personen sitzen und schauen die stehende Person an. Die stehende Person nimmt Blickkontakt mit einer sitzenden auf und hält ihn etwa 10 Sekunden. Die sitzende Person erwidert den Blickkontakt, alle übrigen schauen die stehende Person weiterhin an.

2. Die stehende Person wendet ihren Blick langsam einer anderen sitzenden Person zu und hält wieder 10 Sekunden Blickkontakt. Die sitzende Person erwidert den Blickkontakt.

3. Die stehende Person wendet ihren Blick langsam der dritten sitzenden Person zu und hält wieder zehn Sekunden Blickkontakt. Die sitzende Person erwidert den Blickkontakt.

4. Danach kann die stehende Person Platz nehmen und ein anderer Teilnehmer tritt vor die Gruppe. Die Übung wiederholen, bis alle Teilnehmer an der Reihe waren. Wie hat es sich angefühlt? Was haben Sie beobachtet? Es gibt keine richtigen oder falschen Antworten.

In der Gruppe, stehen und sprechen Auch dies ist eine Übung für drei bis zehn Personen. Die stehende Person soll nur sprechen, wenn sie Blickkontakt zu sitzenden Individuen hat. Muss sie wegschauen, hört sie auf zu sprechen. Schwieriger wird die Übung, wenn Sie ein Flipchart aufstellen oder eine Projektion an die Wand werfen.

Die Übung mag übertrieben erscheinen, aber das hat seinen Sinn: Sie soll Ihnen bewusst machen, wie schwierig es ist, beim Sprechen Blickkontakt mit den Zuhörern zu halten. Die meisten Menschen nehmen nicht wahr, dass sie die meiste Zeit auf den Fußboden, die Möbel, die Tafel oder einfach »ins Leere« schauen. Wie hat es sich angefühlt? Was haben Sie beobachtet? Es gibt keine richtigen oder falschen Antworten.

4

4 Stimme und Mimik

Das Zusammenwirken von Stimme und Mimik vermittelt Stimmungen und Emotionen. Authentisch sind wir nur, wenn Stimme und Mimik im Einklang sind. Obwohl sie einander bedingen und ergänzen, werden sie von verschiedenen Gehirnfunktionen gesteuert. Darum wollen wir sie in diesem Kapitel separat betrachten.

Wenn wir mit Freunden plaudern, glauben wir, aus dem Gesichtsausdruck auf deren Stimmung schließen zu können. Tatsächlich unterschätzen wir aber unsere Fähigkeit, Mimik zu »lesen«. In einer Studie zur Erforschung der Zuhörgenauigkeit war in einer Versuchsanordnung nur eine Stimme zu hören, in der zweiten auch der Gesichtsausdruck zu sehen. Das Gesicht erwies sich als visuelle Ablenkung. Emotionale Nuancen nehmen wir besser wahr, wenn wir uns nur auf die Stimme konzentrieren.

Vielleicht liegt es daran, dass wir an der Stimme positive, negative und ausgeglichene Stimmungen erkennen können, aber auch feine Nuancen, etwa Unterschiede zwischen Angst und Wut oder Verlegenheit und Schüchternheit.

Wenn die Stimme Emotionen ausdrückt, die nicht mit dem Gesichtsausdruck übereinstimmen, bevorzugt das Gehirn die visuelle Botschaft. Die Diskrepanz zur akustischen Botschaft ruft Verwirrung hervor. Dabei will uns die Person vielleicht gar nichts vormachen, sondern ist nur verlegen und mag ihre Gefühle nicht zeigen. Unser Gehirn nimmt den Widerspruch aber wahr.

Wenn Sie Mimik und Stimme gemeinsam einsetzen, hat die Mimik die Oberhand. Ist das Gesicht nicht zu sehen, vermittelt die Stimme allein weitaus besser, wie Sie sich fühlen.

Das heißt nicht, dass die Mimik weniger wichtig ist. Wir brauchen sie, um Gefühle und Gedanken unseres Gegenübers zu verstehen. Wenn wir Mimik oder Stimme wahrnehmen, werden aber verschiedene Gehirnareale aktiviert.

Stimme

Die Stimme ist genauso individuell wie das Gesicht. Erzeugt wird sie von einem komplexen Konstrukt aus Knorpel, Sehnen und Muskeln. Wenn Sie einmal vorsichtig Form und Beschaffenheit Ihres Halses abtasten, werden Sie feststellen, dass manche Bereiche geschmeidig und kräftig, andere dagegen eher dünn und sehnig sind. Fühlen Sie auch einmal, wie sich die Kehle und ihre Umgebung verändern, wenn die Stimmbänder beim Sprechen, Singen, Schreien oder Flüstern vibrieren. Das Zwerchfell, das den Brustkorb nach unten abschließt, sorgt dafür, dass Sie die richtige Menge Sauerstoff ein- und ausatmen. An der natürlichen gesunden Stimme ist nicht nur die Atmung beteiligt, sondern der gesamte Körper, von Kopf bis Fuß.

Die Stimme hat viel mit der persönlichen Identität zu tun. Sie hat erheblichen Einfluss darauf, wie andere Menschen Sie wahrnehmen, und sie ist ein Werkzeug, um anderen einen bestimmten Eindruck zu vermitteln. Vor allem in westlichen Kulturen ist es unter Frauen eine verbreitete Meinung, dass die »richtige« Stimme Wege ebnen kann. Seit sich die Machtverhältnisse zwischen Männern und Frauen in der zweiten Hälfte des 20. Jahrhunderts verschoben haben, sind Studien zufolge Frauenstimmen deutlich tiefer geworden. Vor allem Frauen in Führungspositionen haben sich eine tiefere Stimmlage angewöhnt, weil sie glauben, damit im Berufsleben mehr Autorität auszustrahlen.

Dreißig Jahre lang habe ich mit Frauen gearbeitet, denen man vermittelt hatte, an ihrer Stimme sei etwas falsch: zu schrill, zu mädchenhaft, zu piepsig, zu verhaucht, zu nasal, zu matronenhaft, zu leise. Tatsächlich wollte man ihnen wohl zu verstehen geben, dass es ihrer Stimme an Kraft, Humor, Weichheit, Wärme, Ernsthaftigkeit, Coolness oder Intellekt fehlt. All das traf auf meine Klientinnen aber gar nicht zu. Solche Fehleinschätzungen sind ärgerlich, nicht zuletzt, weil sie nicht folgenlos bleiben. Zum Glück kann man lernen, mit seiner natürlichen Stimme zu sprechen und dennoch alle notwendigen Mittel zu nutzen, um dem Zuhörer seine Botschaft eindringlich zu vermitteln.

Sprechgewohnheiten

Wie andere Menschen Ihre Stimme wahrnehmen, hängt nicht nur davon ab, was Sie sagen, sondern auch wie Sie es sagen: wie laut, schnell oder deutlich Sie sprechen, Klang und Tonfall, Klarheit und Stärke der Stimme. Sogar Ihr Umgang mit dem Schweigen spielt eine Rolle. Welche Sprechgewohnheiten gibt es?

Die Stimme erheben Der Einsatz der Stimme wird durch Kultur, Sozialisation, Lebensumstände und nicht zuletzt durch den Körperbau beeinflusst. Wenn Sie Ihre Stimme für sich nutzen wollen, müssen Sie lernen, sie zu erheben. Damit meine ich, die Stimme so einzusetzen, dass sie möglichst genau vermittelt, wie Sie sich fühlen und was Sie meinen, und zwar in einer Weise, die Ihnen in der jeweiligen Situation nützt. Ihre Stimme muss einerseits auf den Zuhörer abgestimmt sein und andererseits auf das, was Sie erreichen wollen.

Frauen hören oft, sie sollten lauter und mit selbstbewussterem Ton sprechen. Wir verharren leicht in unserer stimmlichen Komfortzone, die in Ton und Lautstärke dem Gesprächston entspricht. Das ist nicht immer hilfreich. Mir ist aufgefallen, dass Frauen Stimmlage und Lautstärke ungern einsetzen, um ihren Status, ihr Wissen oder ihre Erfahrung zur Geltung zu bringen. Sie halten mit ihren Qualitäten oft hinter dem Berg oder spielen sie herunter. Meine Kollegin Martha, die in New York als Coach für Führungskräfte arbeitet, sagt, Frauen hätten sich aufgrund ungünstiger Sozialisation »tief in sich selbst zurückgezogen«. Viel zu lange blieben sie stumm, um niemanden zu erschrecken oder herauszufordern; sie übten sich in Unterordnung.

Ich wünsche mir, dass Frauen jeden Tag in jeder Hinsicht ihre Stimme erheben, um eine gewaltfreie Veränderung der Machtverhältnisse voranzubringen.

Unbehagliches Schweigen Wenn wir Schweigen nicht gut aushalten können, versuchen wir es zu füllen. Wir verwenden Wörter, Geräusche und andere stimmliche Aktionen, um uns von der beängstigenden Stille zwischen unseren Wörtern oder Gedanken abzulenken und sie zu überbrücken. Wie viele solcher Füllsel wir verwenden, bemerken wir oft erst, wenn uns jemand darauf hinweist oder wir eine Aufnahme der eigenen Sprache hören. Besonders spürbar werden die Füllsel, wenn man bewusst versucht, sie zu vermeiden.

Typische Füllwörter sind beispielsweise: also, irgendwie, wissen Sie, vielleicht, in etwa, ziemlich, wirklich, ich denke. Häufig verwendet werden außerdem Laute wie äh oder hmmm sowie unpassendes, nervöses Plappern oder Lachen. Jemandem ins Wort zu fallen kann ebenso eine Füllfunktion haben wie vorschnell zu antworten, ohne vorher nachzudenken, oder einen Ratschlag zu geben, bevor eine Fragestellung vollständig dargelegt wurde. Das Problem dabei ist, dass die Verwendung solcher Füllsel die Aufmerksamkeit einschränkt. Sie nehmen schlechter wahr, was um Sie herum vorgeht, und Ihnen entgehen Reaktionen der Zuhörer. Füllsel können außerdem bewirken, dass Ihre Sprache monoton klingt oder Sie unsicher wirken. Sie verleiten dazu, zu schnell zu sprechen, und können die Zuhörer ablenken.

Haben Sie schon einmal eine Frage gestellt und noch während Ihr Gegenüber nach einer Antwort suchte, selbst wieder das Wort ergriffen, weil Ihnen das Schweigen unangenehm war? Oder wurde Ihnen eine Frage gestellt, und Sie haben »laut gedacht«, damit keine Gesprächslücke entsteht?

Auch der individuelle Kommunikationsstil (siehe Kapitel 1) beeinflusst, wie gut Sie Gesprächslücken aushalten können. Expressive Menschen haben mit dem Schweigen öfter Schwierigkeiten, für analytische Typen dagegen kann es zum natürlichen Prozess der Lösungsfindung gehören. Tatsächlich sind einige Sekunden Stille oft alles, was man braucht, damit sich eine Situation klärt.

Framing, Entschuldigung und Scheinfrage

An der Redensart »Wie man in den Wald hineinruft, so schallt es heraus« ist viel Wahres. Die Art, wie ein Sprecher seine Aussage formuliert und präsentiert, hat großen Einfluss darauf, wie sie bei den Zuhörern ankommt. Drei Beispiele möchte ich hier erläutern.

Framing Ein Konzept aus der Sozialwissenschaft, demzufolge die Art und Weise einer Aussage bei gleichem Inhalt Einfluss auf die Reaktion des Zuhörers hat. Stellen Sie sich vor, ein Arzt erklärt vor einem chirurgischen Eingriff, die Überlebenswahrscheinlichkeit liege bei 90 Prozent. Klingt gut, oder? Ein ganz anderes Framing wäre die Formulierung, das Sterberisiko liege bei 10 Prozent. Sie würden höchstwahrscheinlich anders reagieren. Das hat mit einer kognitiven Voreingenommenheit zu tun. Dinge, die uns als positiv oder hilfreich präsentiert werden, gefallen uns besser als Aussagen mit negativem Framing.

Gerade Frauen neigen oft dazu, ihre Aussagen abzuwerten, indem sie ein negatives Framing verwenden. Sie benutzen Formulierungen wie »Ich weiß nicht, ob dies die richtige Herangehensweise ist«, »Das kann man auch anders sehen«, »Ich bin keine Expertin« oder »Nicht alle Anwesenden werden meiner Meinung sein«. Das negative Framing löst bei den Zuhörern eine emotionale Reaktion aus: Will sich die Sprecherin für das, was sie zu sagen hat, entschuldigen? Will sie den Wert ihres Beitrags infrage stellen? Will sie sich rechtfertigen, dass sie überhaupt das Wort ergreift?

Entschuldigung Viele Menschen verwenden entschuldigende Floskeln, auch wenn es gar nicht notwendig wäre, beispielsweise »Entschuldigung, kann ich dazu etwas sagen?« oder »Verzeihung, wenn ich hier einhake«. Im richtigen Kontext können solche Entschuldigungen gute Umgangsformen demonstrieren, aber wenn man sie benutzt, ohne darüber nachzudenken, werden sie zu einem unbewussten Frame, der vermittelt »Ich habe etwas falsch gemacht«.

Scheinfrage Vor allem Frauen neigen dazu, am Ende eines Aussagesatzes die Stimme zu heben, als handele es sich um eine Frage. Manche vertreten die Ansicht, dass diese Sprachmelodie das Gegenüber auffordert, aktiv zuzuhören und immer wieder zu nicken oder eine Bestätigung zu äußern. Die Scheinfrage kann aber auch Unsicherheit vermitteln oder ablenkend wirken. Durch häufige Scheinfragen leiden Varianz und Betonung, sodass nicht mehr klar zu erkennen ist, welches die wichtigen oder drängenden Elemente einer Aussage sind.

Hören Sie sich im Zweifelsfall eine Aufnahme Ihrer eigenen Sprache an. Wiederholen Sie einige Formulierungen, aber mit fallender Stimmlage am Ende. Hören Sie sich auch diese an. Üben Sie Veränderungen zuerst beim zwanglosen Plaudern mit Familie oder Freunden, später in anderem Rahmen. Eine meiner Klientinnen hat als »Trainingsprogramm« ein Videotagebuch aufgenommen und anfangs die Aufnahmen mehrmals wiederholt, um das Problem in den Griff zu bekommen. Das war eine hilfreiche Lernerfahrung.

Die Sprechstimme

Durch gezielte Übungen lässt sich die Stimme trainieren, und das ist gut, schließlich brauchen wir sie ein Leben lang. Die Übungen helfen aber auch dabei, genau die richtige Stimmqualität zu finden, um in den verschiedensten Situationen authentisch zu wirken.

Die richtige Stimme

Es ist gar nicht so einfach, seine »richtige« Stimme zu finden. Wie wir klingen, können wir in gewissem Maß beeinflussen. Beschreibungen wie »entschieden«, »kompetent« oder »neutral« sind aber subjektiv und unterliegen auch kulturellen Einflüssen. Eine neutrale Formel für die individuelle Stimme könnte etwa so aussehen:

Stimmqualität =

- **Aufbau des Sprechapparats**
- **+ Anatomie des Kehlkopfs**
- **+ erlerntes Verhalten (Gewohnheiten)**

Unsere Stimme ist teilweise genetisch bedingt und teilweise erlernt. Über die exakte Definition von Stimmeigenschaften herrscht allerdings keine Einigkeit. Wir können viel darüber sagen, wodurch eine Person attraktiv wirkt, aber für die Beschreibung der Stimmqualität haben wir keine wirklich treffenden Begriffe. Eine Stimme muss man einfach hören.

Wissenschaftler haben sich auf einige Begriffe geeinigt, um bestimmte stimmliche Eigenschaften zu beschreiben. Dabei beziehen sie sowohl die Physiologie des Sprechers als auch die Wahrnehmung des Hörers ein. Der führende Sprachforscher Dr. Ingo Titze, der das National Center for Voice and Speech in Utah (USA) leitet, hat eine Liste von Stimmqualitäten zusammengestellt. Dies sind einige, die ich bei Frauen besonders oft beobachtet habe:

Stimmqualität / Wahrnehmung

Diplophon
klingt eine Oktave tiefer mit leicht rauem Klang

Klingend
klare Stimme mit guter Resonanz und Tragweite

Verhaucht
hörbare Luft- oder Atemgeräusche

Angestrengt
bemühter Klang, Überbeanspruchung der Halsmuskulatur

Heiser
harter, rauer Klang

Nasal
Klang wie bei beeinträchtigter Nasenatmung

Zittrig
Tremolo durch Nervosität, Unsicherheit oder Angst

Dr. Titze zufolge wird die Stimme durch Erbanlagen, Persönlichkeit, Gesundheitszustand und Stimmung beeinflusst. Darum kann sie sehr viel über einen Menschen verraten.

Ich möchte Sie anregen, den *sweet spot* Ihrer Stimme zu finden. Damit meine ich, die bereits vorhandenen natürlichen Fähigkeiten Ihrer ganz individuellen Stimme so zu trainieren und auszubauen, dass Sie mehr Flexibilität gewinnen und Ihre Stimme dem jeweiligen Kontext optimal anpassen können.

Körperliche Anspannung wirkt sich auf das Allgemeinbefinden aus, und auch die Stimme leidet darunter. Anspannung spürt jeder an einer anderen Stelle – Nacken, Schulter, Hüfte, oberer oder unterer Rücken, Kiefer – Sie werden Ihre schwache Stelle kennen. Anspannung schränkt die Funktionsfähigkeit Ihrer Stimme ein, Ihr *sweet spot* ist blockiert.

Professionelle Redner, Schauspieler und Sänger achten darauf, vor dem »Aufwärmen« der Stimme den ganzen Körper zu entspannen. Die Entspannung hilft, die Energie genau dahin zu lenken, wo sie gebraucht wird. Darum finden Sie in diesem Kapitel nicht nur Stimmübungen, sondern auch Entspannungsübungen. Alle helfen dabei, Ihre natürliche Stimme zu stützen und zu fördern. Die erfolgreiche Entspannung steht dabei an erster Stelle.

Anschließend folgen verschiedene Übungen für die Stimmqualität. Sie trainieren, so zu sprechen, dass der Zuhörer Sie gut verstehen kann und sich angesprochen fühlt, dass das Sprechen Sie nicht anstrengt, und dass Ihre Stimme authentisch klingt.

Tragfähigkeit

Um die Tragfähigkeit Ihrer Stimme zu testen, halten Sie eine Hand im Abstand von 5 cm vor den Mund, die Handinnenfläche zeigt zum Gesicht. Sprechen Sie normal, und versuchen Sie dabei, den Atem mit der Hand zu spüren.

Nun die Hand 15–18 cm vor das Gesicht halten und erneut sprechen. Um den Atem zu spüren, müssen Sie vielleicht etwas lauter oder mit mehr Atemdruck sprechen. Dann den Arm ganz ausstrecken und so sprechen, als wollten Sie am Ende des Raums gehört werden. Achten Sie darauf, was Ihr Körper bei den drei Übungsschritten zu tun hat. Mit der Hand dicht vor dem Mund ist der Atem leicht zu spüren. Bei 15–18 cm Abstand müssen Sie etwas lauter sprechen, den Atem bewusster ausstoßen und die Wörter etwas klarer formen. Wieder anders ist es, wenn Sie das Ende des Raums erreichen wollen. Versuchen Sie, für das letzte Wort ebenso viel Atemluft einzusetzen wie für das erste.

Die Stimmqualität hat auch viel mit Ihrem Selbstvertrauen und Ihrem Mitteilungswillen zu tun. Wenn Sie das, was Sie sagen, ernsthaft meinen und sicher wissen, und wenn Sie sich mit Ihrer Aussage aktiv an jemanden wenden, wird sich das auf die Stimmqualität niederschlagen.

Entspannungsübung für die Stimme

Atmung und Entspannung beeinflussen die Tragfähigkeit und den Klang der Stimme. In dieser Übung geht es darum, tief zu atmen und alle Anspannung im Körper loszulassen. Die berühmte Stimmtrainerin Kristin Linklater hat gesagt, wenn man den Atem anhält, sei ein Teil von uns abwesend.

Anspannung, die Atmung und Bewegung hemmt, kennt jeder. Wer lernt, sie abzubauen, stärkt die Tragfähigkeit und den Klang seiner Stimme.

1. An einem ungestörten Platz liegen oder auf einem Stuhl sitzen, die Hände im Schoß. Enge Kleidung lockern, Brille abnehmen.
2. Mehrmals tief und gleichmäßig atmen, dabei den Körper in den Boden oder Stuhl sinken lassen. Versuchen Sie, die Schwerkraft zu spüren.
3. Nun Stirn, Kiefer, Lippen, Schläfen und Kinn bewusst locker lassen. Die Zunge vom Gaumen lösen. Der restliche Körper bleibt entspannt. Das Gesicht behutsam mit kleinen, kreisförmigen Bewegungen massieren, um weitere Anspannung abzubauen. Dabei nicht zu fest drücken! Langsam und gleichmäßig weiteratmen.
4. Die Schultern in Richtung Ohren ziehen und 15 Sekunden halten. Die Schultern langsam senken und sich dafür doppelt so viel Zeit lassen. Spüren Sie, wie die Anspannung nachlässt.
5. Wenn Sie können, einen Arm heben und sanft nach oben strecken. Dabei ruhig und tief einatmen und mit offenem Mund ausatmen. Dann ist die andere Seite dran. Die Übung wiederholen, wenn sie sich gut anfühlt.
6. Nach einer kurzen Pause mit Armen und Händen arbeiten: Fäuste ballen und die Arme vor die Brust nehmen. 15 Sekunden halten, dann die Spannung langsam lösen und bis 30 zählen. Spüren Sie die Entspannung.

7. Das Gesäß und die Oberschenkel fest anspannen, 15 Sekunden halten, dann langsam wieder locker lassen und dabei bis 30 zählen.
8. Die Muskeln in Zehen und Füßen 15 Sekunden lang fest anspannen, dann langsam wieder locker lassen und dabei bis 30 zählen. Gleichmäßig und langsam weiteratmen.
9. Spüren Sie bewusst, wie sich der ganze Körper entspannt hat. Bleiben Sie einen Moment ruhig liegen/sitzen und konzentrieren Sie sich auf Ihre Atmung.

Atemübung

Sie liegen an einem ungestörten Platz auf dem Boden oder sitzen angelehnt auf einem Stuhl, die Hände im Schoß oder an den Seiten.

Eine Hand auf die obere Brust legen, die andere auf den Bauch. Langsam und tief in den Bauch einatmen, dabei bis drei zählen. Spüren Sie, wie Ihr Bauch sich hebt. Konzentrieren Sie sich auf den Bauch. Der Brustkorb soll sich möglichst wenig bewegen. Nach einer kurzen Pause langsam ausatmen. Sie können beim Atmen in Gedanken die Sekunden zählen. Einatmen: eins, zwei, drei, ausatmen: eins, zwei, drei.

»Manchmal ist deine Freude der Grund für dein Lächeln, und manchmal ist dein Lächeln der Grund für deine Freude.« Dieses Zitat von Thich Nhat Hanh hat eine Atemformel inspiriert, die ich gern verwende: »Ich atme ein, ich bin ruhig … Ich atme aus, ich lächle«. Begleiten Sie das Ausatmen mit einem kleinen Lächeln. Die Übung 3–10 Minuten wiederholen, bis Sie sich entspannt fühlen.

Stimmübungen

Die Qualität der Stimme lässt sich so trainieren, dass sie warm, kompetent, klar, dynamisch und kraftvoll (aber nicht übermäßig laut) wirkt.

Aufwärm- und Entspannungsübung Stimmübungen sollten Sie mehrmals am Tag, aber nicht länger als 3–5 Minuten durchführen. Nicht übertreiben!

1. Sie stehen oder sitzen und achten zuerst auf Anspannung in Gesicht, Hals und Schultern. Gesicht, Nacken und Hals behutsam massieren, danach ruhig atmen und die Hände seitlich hängen lassen oder in den Schoß legen.

2. Gähnen Sie mit weit offenem Mund. Dabei »ha-ham« sagen, den Ton lange halten und den Unterkiefer seitwärts hin und her bewegen. Lippen und Kiefer locker lassen.

3. Das Gähnen und Summen wiederholen. Spüren Sie bewusst, wie sich die Halsmuskulatur entspannt.

4. Tief atmen, die Schultern entspannen. Den Mund weit öffnen, den Kiefer locker lassen und die Laute **oooooh**, **uuaaaaaaa**, **oooommmmm**, **uuaaaaaaa**, **oooooooommm** artikulieren. Den Mund dabei langsam und bewusst öffnen und schließen. Hals und Rachen entspannen, noch einmal gähnen. Eine Pause einlegen und den Körper ausgiebig strecken. Wenn Sie möchten, können

Sie die Übung nun mit den Lauten **neeee**, **nooooo**, **nahhhhh** wiederholen. Der Kiefer bleibt locker.

5. Die vorderen Halsmuskeln behutsam kneten und massieren. Die Schultern entspannen.

Prusten Tief einatmen, dann Luft aus dem Zwerchfellbereich (nicht aus dem Mund) ausatmen. Dabei die Lippen locker lassen, sodass sie vibrieren.

Zungengymnastik Die Zunge so weit wie möglich am Gaumen nach hinten rollen, dann so weit wie möglich herausstrecken. Fünf- bis sechsmal wiederholen.

Die Zunge fest gegen eine Wange drücken, dann gegen die andere. Die Zunge über die Oberlippe nach oben schieben, dann über die Unterlippe nach unten. Mehrmals hin und her wackeln, dann pausieren. Fünf- bis sechsmal wiederholen.

Die Zunge herausstrecken, fünfmal in einer Richtung kreisen, dann fünfmal in der anderen Richtung.

Beim Pausieren oder Sprechen soll die Zunge im Unterkiefer liegen. Wenn Sie feststellen, dass Sie die Zunge an den Gaumen drücken, entspannen und die Zunge locker ablegen.

Das Sprechtempo erhöhen oder senken
Menschen, die schnell reden, sprechen etwa 160 Wörter pro Minute, bei Langsamsprechern sind es etwa 90. Um sich selbst zu testen, lesen Sie einige Minuten einen Text laut. Dann teilen Sie die Gesamtzahl der Wörter durch die Minuten, um Ihre persön-

liche Wörterzahl pro Minute (WPM) zu ermitteln. Für Vorträge und Präsentationen sollte der Wert bei 90–120 WPM liegen, für Gespräche bei 120–150 WPM, für Hörbücher und Videokommentare eventuell auch noch etwas höher.

Wer sein Sprechtempo verändern will, muss sich zunächst die Einflussfaktoren bewusst machen. Dazu gehören Kultur und Konditionierung (durch Familie, Freunde, Erziehung, Sprechen in einer Fremdsprache), Nervosität oder Müdigkeit, Komplexität der Wörter oder Inhalte sowie das individuelle Verhältnis zum Schweigen.

Wählen Sie einen Abschnitt aus einem Buch oder einer Zeitschrift. Stoppen Sie die Zeit beim Vorlesen, und berechnen Sie Ihre WPM. Lesen Sie den Text noch einmal laut, nun aber mit veränderter Geschwindigkeit und Betonung. Üben Sie auch, die Schweigemomente zu variieren – also die Pausen zwischen Wörtern oder Sätzen, die Sie gezielt einsetzen, um Gedanken voneinander zu trennen, etwas zu betonen oder die Aufmerksamkeit zu fesseln. Sie können auch verschiedene Texte verwenden. Mit etwas Zeit und Übung werden Sie Sicherheit im Variieren Ihres Sprechtempos gewinnen.

Tonlage

Die Tonlage kann auf vier verschiedene Arten verändert werden. Die Pfeile zeigen, ob die Tonhöhe ansteigt, abfällt oder unverändert bleibt.

Gleichbleibend	→	MARY
Ansteigend	↗	MARY
Abfallend	↘	MARY
Ab und auf	⤴	MARY
Auf und ab	⤵	MARY

Versuchen Sie nun, die Beispiele mit den dargestellten Tonhöhen zu sprechen.

Hallo	→	**Hallo**	↗
Guten Tag	⤵	**Guten Tag**	⤴
Ja	↗	**Ja**	⤴
Nein	↘	**Nein**	↗

Kannst du das erklären? **Kannst du das erklären?**

Das sehe ich ganz anders **Das sehe ich ganz anders**

Mimik

Wir alle schätzen Menschen aufgrund ihres Gesichtsausdrucks ein, allerdings sind diese Einschätzungen unzuverlässig, denn sie werden in Sekundenbruchteilen getroffen, manchmal sogar anhand eines Fotos. Dabei sind Irrtümer vorprogrammiert.

Die Kriterien, die wir für solche Einschätzungen anlegen, sind in allen Kulturen gleich. Dazu gehören Ähnlichkeiten (ob die Person aussieht wie jemand, den wir kennen oder mit dem wir uns gut verstehen), Gesundheit (ob ein Gesicht symmetrisch ist und ausgewogene Proportionen aufweist) sowie Anzeichen für Emotionen (beispielsweise zusammengezogene Augenbrauen, durch die eine Person wütend wirkt, auch wenn sie es nicht ist, oder eine Augenform, die heiter oder traurig wirkt).

Wie prekär solche Fehleinschätzungen sein können, wurde deutlich, als die *New York Times* den Begriff »Resting Bitch Face« (RBF) aufgriff. Gemeint ist damit ein entspannter Gesichtsausdruck, den manche Frauen beim bloßen Zuhören zeigen und der unbeabsichtigt den Eindruck vermittelt, als sei die Person ärgerlich, gereizt oder verächtlich. Zum Glück ist dieser Begriff außerhalb der USA kaum bekannt. Nichtsdestoweniger zeigt er, dass selbst ein entspannter Gesichtsausdruck zu Fehlinterpretationen und Ablenkung führen kann.

Wenn Sie wissen, wie Sie zu Ihren Einschätzungen über Menschen kommen, können Sie solche Fehlinterpretationen leichter vermeiden. Und wenn Sie sich

»Ein ruhiges und aufmerksames Gesicht bewirkt, dass auch der Körper ruhiger und aufmerksamer ist.«

Ihrer eigenen Mimik und dessen, was sie anderen Menschen möglicherweise vermittelt, besser bewusst sind, können Sie gezielt kleine Veränderungen vornehmen, die sich sofort für Sie auszahlen werden.

Mimische Klischees

Hier geht es um Gesichtsausdrücke, die von der natürlichen Gesichtsanatomie und dem momentanen bewussten oder unbewussten Gefühl bestimmt werden, manchmal sogar von einem Gefühl, um das man sich gerade bemüht. Wenn das, was wir fühlen, und das, was wir zeigen möchten, nicht in Einklang stehen, greifen wir zu mimischen Klischees.

Besonders oft beobachte ich die folgenden beiden Klischees:

Freundlich und wohlwollend Um eins klarzustellen: Ich finde, die Welt braucht mehr Gesichter, die freundlich und wohlwollend aussehen. Es fühlt sich gut an, so ein Gesicht in der Masse auszumachen oder in einer schwierigen Situation, sofern es denn authentisch ist. Aufsetzen sollte man dieses Gesicht nicht zu oft, dadurch schwächt sich seine Wirkung ab.

Kürzlich habe ich eine Verhandlungssituation erlebt, in der mich eine der Anwesenden freundlich und wohlwollend anlächelte. Das empfand ich als verwirrend und ablenkend, weil ich spürte, dass das Gespräch nicht sonderlich gut lief. Später erfuhr ich, dass sie in der Verhandlung keine entscheidende Rolle spielte und am Ergebnis nicht sonderlich interessiert war. Es kommt häufiger vor, dass das freundlichste Gesicht im Raum derjenigen Person gehört, die am wenigsten Macht oder Entscheidungsbefugnis hat.

Wenn das freundliche und wohlwollende Gesicht unter Anspannung leidet, wirkt das Lächeln angestrengt und vermittelt Nervosität. In anderen Situationen kann es spöttisch, zynisch oder frech wirken.

Indifferent Diese »Ruhehaltung« des Gesichts kann ärgerlich, traurig, zweifelnd, resigniert, abgelenkt, geistesabwesend, verwirrt oder nervös wirken. Wenn ich Frauen darauf angesprochen habe, bekam ich oft Antworten wie »Das war mir gar nicht bewusst«, »Meine Meinung zählt sowieso nicht, warum soll ich mich also ins Zeug legen?«, »Ich bin etwas müde und die Person langweilt mich, also höre ich still zu, bis es vorbei ist«, »Ich habe mich auf das Meeting nicht vorbereitet und weiß nicht, was es bringen soll, also halte ich lieber den Mund«, »Ich sage lieber nichts, solange ich meiner Sache nicht ganz sicher bin«, »Ich kenne mich mit dem Thema gut aus, werde aber nicht ernst genommen«. Wenn der Gesichtsausdruck Überdruss oder Desinteresse vermittelt, kann das beabsichtigt sein, muss aber nicht. Relevant ist aber, was die anderen Menschen sehen, und die Rückschlüsse, die sie daraus ziehen.

In meiner Arbeit bei Gericht habe ich erlebt, dass Menschen mit einem freundlichen Gesicht nicht so leicht für kriminell gehalten werden. Generell erwecken Menschen mit freundlichem Gesicht eher Vertrauen. Da sich Zuhörer meist auf das Gesicht eines Sprechers konzentrieren, sollten Sie sich bewusst sein, wie Sie beim Sprechen wirken.

Positiv-neutrale Mimik

Ideal ist ein Gesichtsausdruck, der zwischen dem liegt, was Sie mimisch ausdrücken möchten, und dem, was Sie wirklich fühlen. Ein ruhiger und aufmerksamer Gesichtsausdruck bewirkt, dass auch der Körper ruhiger wird und stets bereit ist, so zu reagieren, wie es für Sie nötig ist. Sogar der Zuhörer wird ruhiger, denn er wird nicht durch einen unbeabsichtigten Gesichtsausdruck abgelenkt oder verwirrt.

Ruhig und aufmerksam Mit diesem Gesicht vermitteln Sie, dass Sie ruhig und bei der Sache sind. Anspannung ist nicht wahrzunehmen. Die Kunst besteht darin, aufmerksam zu wirken, ohne beispielsweise durch Lächeln oder Runzeln der Stirn deutliche Emotionen zu zeigen.

Um diesen Gesichtsausdruck zu erreichen, entspannen Sie zuerst Nacken und Schultern – aber nicht zusammensinken: Die aufrechte Haltung wirkt wach. Die Lippen leicht öffnen (nicht mehr als 6 mm) und durch Mund und Nase atmen. Dadurch vermeiden

ruhig
ausgeglichen
wach
ungezwungen
klar
aufmerksam
natürlich
entspannt

Sie, dass Ihr Mund verbissen, skeptisch oder spöttisch wirkt, oder dass Sie sich nervös auf die Lippen beißen.

Achten Sie nun auf Stirn und Augenbrauen. Viele Menschen runzeln die Stirn, wenn sie sich konzentrieren. Werden die Augenbrauen dabei zusammengezogen, entsteht zwischen ihnen oft eine senkrechte Falte, die als »Zornesfalte« missverstanden werden kann. Wenn Sie das bemerken, bewegen Sie die Stirnmuskeln leicht in die entgegengesetzte Richtung. Anspannung im Stirnbereich verschwindet auch, wenn Sie die Augenbrauen leicht heben. Probieren Sie es einmal vor dem Spiegel, und beobachten Sie die Veränderung.

Sie sehen: Schon kleine Veränderungen genügen, damit das ruhige Gesicht aufmerksam erscheint, dabei aber weder dezidiert ernst noch heiter. Wenn Sie diesen ruhigen und aufmerksamen Gesichtsausdruck üben, werden Sie bald spüren, welche Gesichtspartien Sie gewohnheitsmäßig anspannen. Es kommt dem klaren Denken zugute, wenn Sie lernen, diese Anspannungen abzulegen.

Dass Sie an Ihrer eigenen Mimik arbeiten, wird Sie allerdings nicht davon abhalten, andere anhand ihres Gesichtsausdrucks einzuschätzen. Zuhörer und Sprecher geben Ihnen durch ihre Mimik ständig Rückmeldungen. Sie nicken, lächeln, heben die Augenbrauen oder signalisieren durch Laute, dass sie zuhören. Es gibt aber auch Menschen mit einem »steinernen«, nicht lesbaren Gesicht oder einer ungewöhnlichen Mimik. Lassen Sie sich davon nicht irritieren oder ablenken. Auch das gelingt mit etwas Übung.

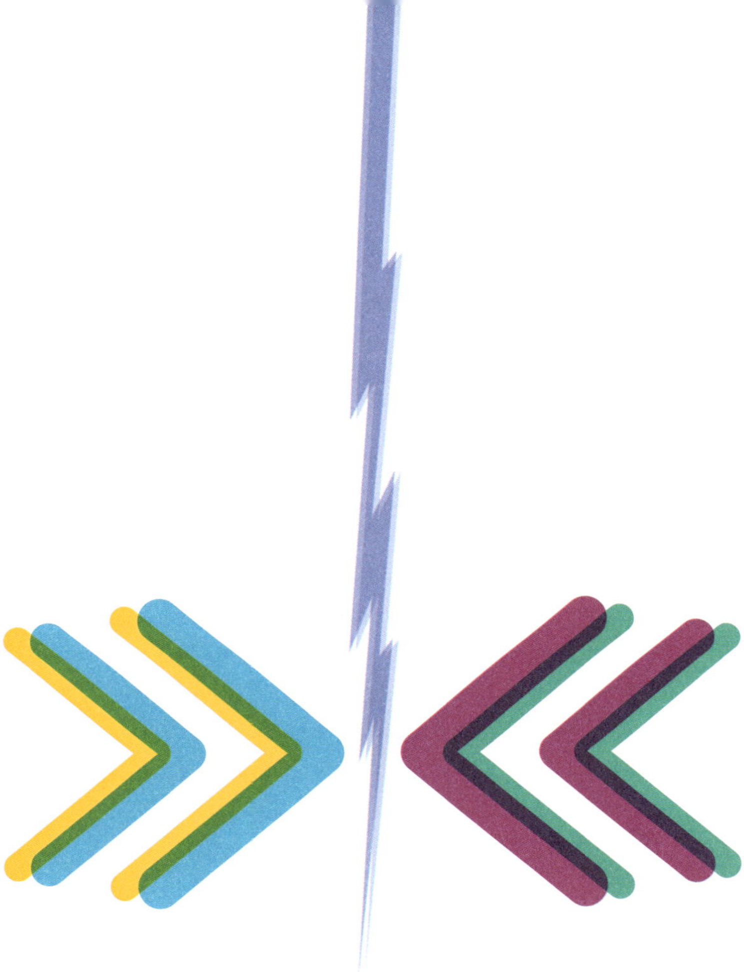

5 Konfrontation

Frauen fällt es oft schwer, sich zu behaupten, denn sie lernen von Kindheit an, auf Ausgleich zu setzen und Konfrontationen aus dem Weg zu gehen. Sollen wir um des lieben Friedens willen klein beigeben oder verschaffen wir uns Gehör? Das alte Dilemma.

Ich bin fest davon überzeugt, dass Kooperation eine gute Strategie ist. Wenn wir aber mit Menschen zu tun haben, die nicht kooperieren, die rücksichtslos sind oder Regeln missachten, ist eine Konfrontation oft unausweichlich.

In den letzten zehn Jahren hat sich die Forschung intensiver mit dem unterschiedlichen Stress- und Konfliktverhalten bei Männern und Frauen beschäftigt. Dabei wurde eine alte Theorie widerlegt, nämlich dass die Gehirne von Männern und Frauen in Konfliktsituationen dieselben Reaktionen zeigen, die darüber entscheiden, ob man flieht oder kämpft. Tatsächlich geht es für Männer eher um Flucht oder Kampf, während Frauen häufiger zum Schlichten neigen. Das heißt, dass Frauen in schwierigen Situationen eher fürsorgliche Verhaltensweisen zeigen, die soziale Beziehungen fördern.

Die Studien haben auch gezeigt, dass Frauen unter Stress nicht nur sich selbst verteidigen wollen, sondern instinktiv auch die Ihren schützen. Im biologischen Sinn dürfte dieses Verhalten dazu dienen, Angst zu verringern und Hoffnung zu fördern.

Im Zuge der Schlichtungsreaktion bei Stress wird das Hormon Oxytocin ausgeschüttet. Es hemmt die Flucht-oder-Kampf-Reaktion und löst den Impuls aus, sich zu schützen und mit anderen zusammenzutun. Oxytocin gilt als biologischer Dämpfer für die Flucht-oder-Kampf-Reaktion. Als Neurotransmitter ist es maßgeblich an Sozialverhalten und Empathie beteiligt.

Natürlich können auch Männer schlichten, aber bei Frauen scheint die Neigung aufgrund von Oxytocin stärker ausgeprägt. Unser präfrontaler Cortex ist besser entwickelt. Dieser »logisch denkende« Teil des Gehirns steuert die Amygdala, wo Kampf- und Fluchtverhalten und Aggressionen ihren Sitz haben.

In die Stressreaktion von Frauen ist also ein interessantes Regulativ eingebaut. Gerade wenn wir extrem gestresst, wütend oder verängstigt sind, streben wir aufgrund der biologisch bedingten Hormonausschüttung nach Ermutigung und Hoffnung. Das ist für unsere Fähigkeit zum erfolgreichen Umgang mit Konfrontationen von Bedeutung. Man könnte sagen, dass wir damit über eine Superkraft verfügen, die heutzutage in Konfrontationen zu selten zum Einsatz kommt. Und all das leistet das weibliche Gehirn:

- Gesichtsausdrücke lesen und Situationen emotional entschärfen
- Details schnell verarbeiten
- Umgebungsdetails wahrnehmen und daraus schnell Erkenntnisse ableiten
- Schnell zwischen Gefühlen und Fakten hin und her wechseln
- In großen Zusammenhängen denken, neue Ideen gut in einen Kontext integrieren
- Stress abbauen, sobald wir uns mit anderen zusammentun und austauschen können

Natürlich hat diese Superkraft auch ihre Nachteile. Wenn wir uns unserer Fähigkeit, Erkenntnisse zu sammeln und zu verarbeiten, die Umwelt zu interpretieren und in großen Zusammenhängen zu denken nicht bewusst sind, kann sie die Entscheidungsfähigkeit beeinträchtigen. Das macht mir aber wenig Sorge, weil Entscheidungsfähigkeit eine Kompetenz ist, die sich trainieren lässt. Anders sieht es mit der Verarbeitung von Stresshormonen in unserem Körper aus, wenn unser Berufs- oder Privatleben gerade besonders anstrengend ist und wir Entspannung und Stressabbau vernachlässigen. Das lässt sich vermeiden, indem wir lernen, Konfrontationen mit mehr Leichtigkeit und Selbstbewusstsein anzupacken.

Frauen sind durch ihr Gehirn darauf programmiert, durchzuhalten, Schutz zu spenden und Frieden zu stiften. Viele von uns fürchten die Gefahr einer Konfrontation mehr als die Situation selbst. Ich kenne intelligente, kompetente Frauen, die aus Angst vor dem, »was die Leute sagen«, Dinge unterlassen, die sie eigentlich gern tun würden. Dabei kann eine Konfrontation, wenn man sie klug anpackt, eine positive und lohnende Erfahrung sein.

Man sagt, dass Frauen meist emotional und indirekt agieren und Konfrontationen aktiv vermeiden. Tatsächlich können Frauen aber durchaus aggressiv sein, Macht demonstrieren, knapp und präzise kommunizieren und eine starke körperliche Präsenz besitzen.

Wie der Kommunikationsstil ist auch der individuelle Umgang mit Konfrontationen abhängig von sozialer Konditionierung und persönlicher Komfortzone. Jeder reagiert also auf seine ureigene Weise. Im Idealfall reagieren wir nicht immer gleich, sondern passen uns dem Kontext und den Umständen an. Hier wollen wir daran arbeiten, diese Anpassungsfähigkeit allmählich zu erweitern.

In diesem Kapitel zeige ich einige typische Schwierigkeiten im Zusammenhang mit Konfrontationen auf und erkläre Techniken, wie sich viele von ihnen leichter meistern lassen.

Konfrontationen und Konfliktsituationen können ganz unterschiedlich aussehen. Auf manche können Sie sich vorbereiten, beispielsweise kritische Fragen oder Widerspruch in einem Meeting, die brüske Ablehnung einer Gehaltserhöhung oder eine Auseinandersetzung mit dem Partner (dessen Verhalten Sie ja kennen). Andere kommen überraschend: der plötzliche Wutausbruch einer Kollegin; eine Frage oder Aufgabe, die Sie nicht verstehen und nicht gleich lösen können; jemand, der ein Gespräch an sich reißt und andere Momente, in denen Sie sich fragen: »Was nun?«

Ob Sie auf einen Konflikt vorbereitet sind oder von ihm überrascht werden: In beiden Fällen brauchen Sie dieselben Fähigkeiten, um erfolgreich mit der Situation umzugehen und nicht unnötig in Stress zu geraten. Je besser Sie vorbereitet sind, desto seltener werden Sie überrumpelt. Aber das Leben steckt nun einmal voller Überraschungen, und auf die meisten können wir uns nicht vorbereiten.

Vorbereitet sein

Wie können Sie sich besser auf Konfrontationen vorbereiten? Das kommt auf die Situation an. Wenn Sie viel zu gewinnen oder zu verlieren haben, lohnt es sich, Zeit in eine gute Vorbereitung zu investieren. Versuchen Sie, etwas über die andere Person herauszufinden. Wie geht es ihr? Wie steht sie zu den fraglichen Themen? Was könnte sie sonst gerade beschäftigen? Was kann sie gewinnen oder verlieren? Nicht nur Sie haben Ihren spezifischen Umgang mit Konfliktsituationen, sondern auch Ihr Gegenüber. Je besser Sie die Position Ihres Gegenübers kennen, desto größer ist die Chance, zu einem guten Ergebnis zu kommen.

Wenn Sie den Stil Ihres Gegenübers kennen und sich darauf einstellen, können Sie einen Teil Ihrer Anspannung ablegen. Das macht eine Konfrontation für alle Beteiligten leichter. Ist Ihr Gegenüber beispielsweise hart, direkt und an Details interessiert, machen Sie Ihre Hausaufgaben, um gut vorbereitete, durchdachte Antworten und Argumente parat zu haben. Ist Ihr Gegenüber dagegen konfliktscheu und geht schwierigen Diskussionen lieber aus dem Weg, können Sie Geduld zeigen, Alternativen vorschlagen oder anbieten, sich an der Lösung zu beteiligen, um zu einem Ergebnis zu kommen.

Zu einer Konfrontation gehören immer zwei, darum ist es hilfreich, Einstellung und Vorgehensweise des Gegenübers zu kennen.

Auf Konfrontation reagieren

Nehmen wir an, Sie werden von einer Konfrontation überrascht. Vielleicht haben Sie nicht erwartet, dass jemand mit Ihnen streitet oder dass einer Ihrer Vorschläge zurückgewiesen wird. Vielleicht konnten Sie eine Frage nicht beantworten oder Sie fühlen sich durch eine Bemerkung angegriffen oder beleidigt. Was nun? Versuchen Sie es mit den folgenden Strategien.

1. Halten Sie Blickkontakt. Rumpf und Kiefer entspannen, Brust und Schultern nicht zusammenfallen lassen, das Gewicht auf beide Füße verteilen.

2. Tief durchatmen, um sich zu beruhigen. Verteidigen Sie sich nicht, gehen Sie nicht in die Defensive.

3. Klären Sie, worüber Ihr Gegenüber sich aufregt. Fragen Sie nach, wenn Sie es nicht genau wissen. Eine Frage kann viel bewirken.

4. Wenn Sie den Grund verstanden haben, reagieren Sie angemessen.

Schauen wir uns nun einige Möglichkeiten an, wie man sich in einer überraschenden Konfrontation verhalten kann. Vielleicht erinnern Sie sich an Situationen, in denen Sie nicht wussten, was Sie tun sollten. Eignen Sie sich ein paar Strategien an, um beim nächsten Mal besser reagieren zu können.

Überraschende Konfrontation, Ihr Gegenüber ist aggressiv, schroff oder direkt:

- Eine aufrechte, entspannte Haltung einnehmen.
- Nicht entschuldigen oder Ausreden suchen.
- Direkt und strukturiert antworten. Wenn Sie anderer Meinung sind, sagen Sie es. Bitten Sie um genauere Erklärungen.
- Nicht unterbrechen lassen.
- Einen ärgerlichen oder wütenden Ton vermeiden
- Blickkontakt halten.
- Klar und kraftvoll sprechen, aber nicht lauter als Ihr Gegenüber.
- Bestätigen, worauf Sie sich verständigt haben.

Überraschende Konfrontation, Ihr Gegenüber legt Wert auf Details:

- Ausgewogene Steh- oder Sitzposition. Blickkontakt halten.
- Das Problem benennen, noch keine Lösung anbieten. Alternativ das Gegenüber bitten, das Problem detailliert zu beschreiben. Aufmerksam zuhören.
- Das Gehörte mit eigenen Worten zusammenfassen. Wenn Sie anderer Meinung sind, die Gründe erklären.
- Nicht werten, sondern Fakten und Beispiele anführen. Ihr Gegenüber wird sich genau an Gesprächsdetails erinnern und könnte Ihnen Wertungen »heimzahlen«.

- Kündigen Sie an, das Problem erneut zur Sprache zu bringen, falls es weiterhin bestehen sollte.

Überraschende Konfrontation, Ihr Gegenüber ist schüchtern oder konfliktscheu:

- Einen neutralen Ort für das Gespräch wählen.
- Einen zwanglosen Rahmen wählen, um die andere Person nicht unter Druck zu setzen.
- Fakten und konkrete Beispiele anführen. Bei der Beschreibung des Problems Wertungen vermeiden.
- Sagen Sie, wie Sie sich angesichts des Problems fühlen.
- Schlagen Sie eine Lösung vor, oder bitten Sie um einen Lösungsvorschlag.
- Signalisieren Sie Bereitschaft, bei der Lösung des Problems zu helfen.

Überraschende Konfrontation, Ihr Gegenüber ist empfindlich für Kritik oder kann Gefühle schwer ausdrücken:

- Den positiven Beitrag des Gegenübers würdigen.
- Das Gesamtbild darstellen, damit das Gegenüber die Tragweite des Problems versteht und sein Handeln einordnen kann.
- Fakten und Beispiele direkt und positiv anführen.
- Wertende Äußerungen vermeiden.
- Um Lösungsvorschläge bitten oder selbst welche anbieten.

Typische Verhaltensweisen

Jeder von uns rettet sich im Konfliktfall unbewusst in bestimmte Verhaltensweisen. Kennen Sie Ihre? Wie ist beispielsweise Ihre Gewichtsverteilung im Sitzen oder Stehen? Sind Ihre Schultern verkrampft oder locker? Ist der Kiefer angespannt, drücken Sie die Zunge an den Gaumen? Wie atmen Sie? Lehnen Sie sich vor oder zurück? In den meisten Fällen ist die Körperspannung stärker als in einem normalen Gespräch. Hier folgen einige Beispiele:

Wie immer Manchmal flüchten wir uns in Verhaltensweisen, die wir schon früher angewandt haben oder die sich bei Personen, die wir kennen, bewährt haben. Nur weil sie schon einmal funktioniert haben, sollten sie aber nicht zum Standardrepertoire werden. Eine Uhr, die stehen geblieben ist, zeigt zweimal am Tag die richtige Zeit. Ebenso ist es mit solchen Verhaltensweisen.

Sich »wie immer« zu verhalten kann bedeuten, in Tränen auszubrechen, sich zu entschuldigen, auf und ab zu gehen, beleidigt zu tun, zu übertreiben, starren Blickkontakt zu halten oder beim Sprechen und Zuhören häufig den Blick abzuwenden, verschämt in sich zusammenzusinken, Arme und Beine beim Sprechen und Zuhören zu kreuzen oder durch übertriebene Mimik Abwehr, Zweifel oder Misstrauen zu signalisieren. Solche Standardreaktionen beeinflussen das gesamte Verhalten in der Konfrontation. Der Wunsch, sich gegen einen Gegner abzuschirmen und durch Zurücklehnen oder Wegschauen die Distanz zu

vergrößern, ist ganz normal. Manchmal können solche Reaktionen die Situation sogar entschärfen. Man sollte aber nicht zulassen, dass sich unvorteilhafte Verhaltensmuster verfestigen.

Sie agieren nicht im luftleeren Raum. Was immer Sie tun, hat Einfluss auf Ihr Gegenüber. Standardverhaltensweisen sind weder gut noch schlecht, aber sie schränken in Konfliktsituationen die Flexibilität Ihres Handelns ein. Eine Freundin hatte die Gewohnheit, die

Knie und den Oberkörper von ihrem Gegenüber weg zu drehen, die Arme zu verschränken, den Kopf schief zu halten und die Augen zusammenzukneifen, als sei sie misstrauisch. Von diesen Beobachtungen habe ich ihr in einer entspannten Kaffeepause erzählt und sie gebeten, eine Kleinigkeit zu verändern, nämlich den Kopf gerade zu halten und nicht halb wegzudrehen. Die Wirkung war bemerkenswert. Nun war sie mir zugewandt, wirkte entspannt, aufmerksam und kein bisschen skeptisch. Ich musste sie noch gelegentlich erinnern, nicht wieder in ihre Standardhaltung zurückzufallen. Durch die kleine Veränderung wirkte sie viel gelassener, was vor allem zu Beginn einer möglichen Konfrontation hilfreich ist. Früher hatte ihre Körpersprache Misstrauen, Abwehr und Unbehagen verraten, nun wirkte sie aufmerksam, offen und entspannt.

Sich nett geben Eine Person mit diesem Verhaltensmuster zeigt sich besonders freundlich, entgegenkommend, clever oder witzig, wenn sie sich nervös oder eingeschüchtert fühlt. Damit weicht sie der direkten Konfrontation aus. Dieses Verhalten ist häufig bei Menschen zu beobachten, denen ihr Gegenüber wichtig ist und die befürchten, durch Direktheit der Beziehung zu schaden.

Manchmal kann dieses Verhalten Ärger zerstreuen, als würde man einen Eimer kaltes Wasser auf ein Feuer gießen. Meist ist es aber nicht sonderlich hilfreich.

Es gibt bessere Möglichkeiten, auf einen persönlichen Angriff, auf Spott oder Sticheleien zu reagieren und dabei souverän zu wirken.

- **Ruhig ignorieren** »Bevor Sie anderen helfen, setzen Sie sich selbst die Sauerstoffmaske auf.« Machen Sie die Probleme anderer Menschen nicht zu Ihren. Stehen Sie aufrecht, Kinn angehoben, Augen geradeaus.
- **Ruhig beim Namen nennen** Weisen Sie auf unangemessenes Verhalten mit klaren Worten hin. »Das finde ich nicht angemessen« oder »Dein Spott ist unangenehm, bitte lass das.«
- **Ruhig die Sache klären** Mit dieser Strategie können Sie einen konstruktiven Dialog mit Ihrem Gegenüber aufrechterhalten und das Problem gründlich beleuchten. Ehrlich gemeinte Fragen sind oft hilfreich: »Warum empfindest du das so?«, »Was wäre dir lieber?«, »Woher haben Sie diese Information?« oder »Wie sind Sie zu dieser Schlussfolgerung gelangt?« Sie werden oft erleben, dass Ihr Gegenüber einen Rückzieher macht oder keinen klaren Grund für Sticheleien nennen kann. Das bedeutet im Umkehrschluss, dass Sie keinen Grund haben, nervös oder eingeschüchtert zu sein.

Wenn Sie sich für die »nette« Strategie entscheiden, sollten Sie nicht zu dick auftragen. Sonst kann es passieren, dass Sie durch zu viele beschwichtigende Nebenbemerkungen vom eigentlichen Thema abkommen oder nicht deutlich genug vermitteln, wie wichtig Ihnen die Angelegenheit ist. Das würde bedeuten, dass Sie zwar die Konfrontationssituation für die Beteiligten entschärfen, das eigentliche Problem aber nicht lösen.

Hilfreiche Strategien

Es kann schwierig sein, in einer Konfliktsituation stark und ruhig zu bleiben und einen klaren Kopf zu behalten, aber es ist nicht unmöglich. Mit etwas Geduld können Sie für Situationen, die Sie auf die Palme bringen, zu einer Überreaktion oder einem beleidigten Abgang veranlassen, eine bessere Strategie einüben.

Gleiche Ebene Dies ist ein guter Ansatz, um Stärke, Ruhe und einen klaren Kopf zu trainieren. Seien Sie sich in Konfliktsituationen Ihrer Zuhörerrolle voll bewusst und schenken Sie den Aussagen des Gegenübers Ihre volle Aufmerksamkeit. Ein Konflikt lässt sich nur lösen, wenn man den jeweils anderen Standpunkt versteht. Achten Sie auf körperliche Gleichgewichtigkeit. Setzen Sie sich, wenn Ihr Gegenüber sitzt, und bleiben Sie stehen, wenn Ihr Gesprächspartner steht. So ist Blickkontakt leichter herzustellen, und es entsteht kein Spannungsgefälle. Ist Ihr Gegenüber abgelenkt, aufgeregt oder unruhig, verteilen Sie Ihr Gewicht bewusst auf beide Beine. Bleiben Sie entspannt sitzen oder stehen, und halten Sie beim Sprechen und Zuhören Blickkontakt. Kiefer, Finger, Zehen und Füße sollten entspannt sein.

Im Stehen kann es hilfreich sein, ein Möbelstück zu berühren oder sich leicht anzulehnen. Wählen Sie Ihren Platz mit Bedacht (siehe auch Seite 51), nicht in zu großer Distanz von Ihrem Gegenüber, aber auch nicht zu nahe. Eine unklare Position kann, wie eine nicht zu Ende

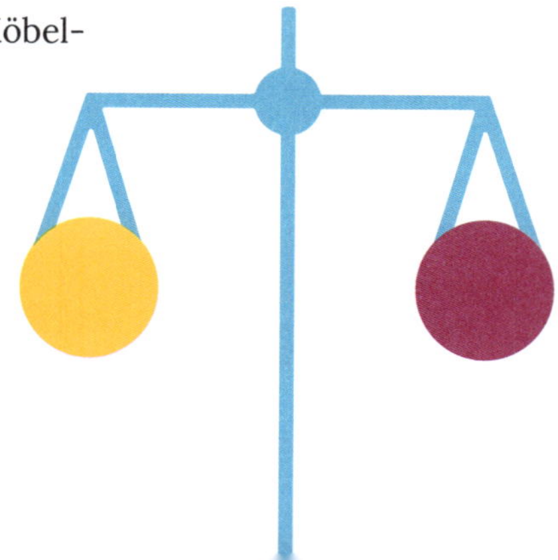

geführte Bewegung, Unsicherheit, mangelndes Selbstvertrauen oder fehlende Entschlussfähigkeit suggerieren.

Notizen machen Es kann sinnvoll sein, während eines Konfliktgesprächs Notizen zu machen, und es hilft, wenn die Hände etwas zu tun haben. (Nein, bitte kein Smartphone, es sei denn, Sie zeichnen das Gespräch auf.)

Bemühen Sie sich um eine offene, ehrliche Kommunikation. Bewerten Sie das Problem und nicht Ihr Gegenüber. Gehen Sie nicht in die Defensive und werden Sie nicht persönlich.

Versuchen Sie, echtes Faktenwissen von bloßem Hörensagen zu trennen.

Wenn Sie sich Mühe geben, Ihr Gegenüber mit Respekt zu behandeln, zu verhandeln und gegebenenfalls Kompromisse einzugehen, wird die Konfrontation positiv verlaufen. Halten Sie Ihre Zusagen ein und seien Sie bereit, Risiken einzugehen. Falls Sie eine Strategie ausprobieren, die sich nicht bewährt, nehmen Sie es nicht zu persönlich. Indem Sie sich auf das Positive konzentrieren, können Sie andere motivieren und die problematische Situation entschärfen.

Oberstes Ziel: Klärung Um einen Konflikt zu lösen, ist es unerlässlich, Klärung anzustreben und zu erreichen. Das erfordert oft konfrontatives Verhalten: Sie müssen den Mut haben, den Gesprächsfluss auch in scheinbar unpassenden Momenten zu unterbrechen, um nachzuhaken oder eine Frage zu stellen, und zwar auch dann, wenn Sie nicht sicher sind, ob es die richtige Frage ist, oder wenn Sie befürchten, den richtigen Zeitpunkt schon verpasst zu haben. Vertrauen Sie Ihrer Intuition: Wenn Ihnen etwas unklar ist, geht es anderen möglicherweise ebenso.

Wer Klärung einfordert, braucht Mut, Hartnäckigkeit und ein hohes Maß an Objektivität. Nehmen Sie eine gut ausgewogene stehende oder sitzende Position ein, wenden Sie sich Ihrem Gegenüber (oder einer Gruppe von Personen) direkt zu, und halten Sie vor allem nach Ihrer Bitte um Klärung Blickkontakt. Auch durch die richtige Ausdrucksweise können Sie zu einer erfolgreichen Klärung beitragen. Auf der nächsten Seite finden Sie einige hilfreiche Formulierungen.

»Wie sollen wir deiner Meinung nach …?«

»Ich habe den Eindruck …«

»Lasst uns …«

»Habe ich richtig verstanden, dass …?«

»Willst du damit sagen, dass …?«

»Also, mit anderen Worten, …«

»Wir könnten beispielsweise …«

»Vermute ich richtig, dass …?«

»Wie denken Sie über …?«

»Welcher Meinung sind Sie?«

»Wenn ich Sie richtig verstehe, meinen Sie/bedeutet das …»

»Meinen Sie/ heißt das, …?«

»Wäre es richtig zu sagen, dass …?«

»Kann ich daraus schließen, dass …?«

»Darf ich annehmen, dass …?«

»Bevor wir fortfahren, würde ich gern etwas klären …«

Strukturiert vorgehen

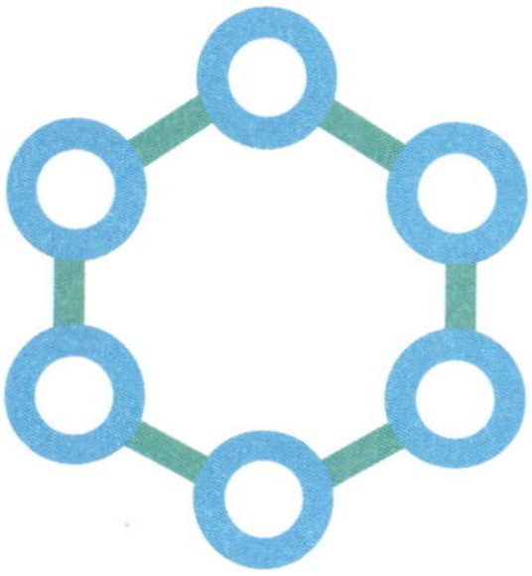

Konfrontationen sind leichter zu bewältigen, wenn Sie auf eine Struktur bauen, also wissen, was Sie in welcher Reihenfolge zur Sprache bringen wollen. Eine gute Struktur gibt Selbstvertrauen und Sicherheit. Man könnte sie mit einem Anker vergleichen, der Sie auch bei rauer See sicher hält.

Wie kann eine Struktur das Selbstvertrauen stärken? Wenn Sie Ihre Aussagen geordnet und strukturiert vortragen, wird sich dies darauf auswirken, wie Ihr Gegenüber die Informationen aufnimmt und darauf reagiert. Das kann erheblich zu einem positiven Verlauf des Gesprächs beitragen. Gleichzeitig hilft Ihnen die Struktur, mutiger vorzugehen – und sei es nur, weil Sie Ihre Erfolgschancen erhöht. Betrachten Sie die Struktur als eine Art Talisman.

Trainieren Sie den Umgang mit konfrontativen Situationen im Alltag: Lassen Sie im Restaurant die ungenießbare Suppe zurückgehen. Fordern Sie den Mitbewohner auf, benutzte Haushaltsgeräte wieder an ihren Platz zu legen. Reklamieren Sie einen Mangel in Ihrem Hotelzimmer.

Nachfolgend stelle ich Ihnen eine kleine Auswahl von Strukturen vor, die sich bei alltäglichen Konfrontationen bewährt haben. Vielleicht finden Sie Konfrontationen schrecklich, aber eigentlich ist es wie beim Tanzen: Zuerst kann man sich kaum überwinden, die Tanzfläche zu betreten, aber dann traut man sich doch, und am Ende will man gar nicht mehr aufhören. Wenn Sie Konfrontationen nicht allzu ernst nehmen, wird es Ihnen ähnlich gehen.

Konfrontation mit einer Person, die Sie brauchen

Sie müssen mit einem Kollegen, der Haushälterin oder dem Babysitter eine schwierige Angelegenheit besprechen.

Schritt 1: Betrachten Sie zuerst Ihre Seite des Problems.
Schritt 2: Nicht das Problem benennen, sondern die gewünschte Lösung oder Handlung
Schritt 3: Um Lösungsvorschläge bitten
Schritt 4: Den Vorschlag wiederholen. Falls das Gegenüber andere Argumente anführt, nicht ablenken lassen. Nicht rechtfertigen!
Schritt 5: Den Lösungsvorschlag ernsthaft anhören und zusammenfassen

So könnte das Gespräch verlaufen:

Schritt 1: »Britta, du kommst immer zu spät« ist ein Vorwurf. Ihr Gegenüber wird in die Defensive gehen. Besser sind einleitende Formulierungen wie »Ich mache mir Gedanken wegen ...« oder »Ich würde gern mit dir über etwas sprechen, das mich stört.«
Schritt 2: »Mir ist wichtig, dass du jeden Morgen um neun Uhr hier bist.« Achten Sie auf Ich-Aussagen!
Schritt 3: »Wie könntest du das in den Griff bekommen?«, »Wie kannst du mir helfen?«
Schritt 4: »Du könntest in Zukunft einen früheren Bus nehmen, damit du es bis neun Uhr schaffst?«
Schritt 5: »Du meinst also, du kannst in Zukunft jeden Tag um neun Uhr hier sein?« oder »Lass mich noch einmal zusammenfassen, was du gesagt hast ...«

Findet sich keine Lösung, bleiben Sie hartnäckig, aber sachlich. Fragen Sie: »Was hindert dich?« Bleiben Sie weiterhin objektiv, und fragen Sie beharrlich nach, wie Ihr Gegenüber eine Lösung finden könnte.

Konfrontation mit einer Person, die Ihnen wichtig ist

In Konflikten mit dem Partner, mit heranwachsenden Kindern, Freunden und Verwandten wird man besonders leicht emotional, außerdem schleichen sich schnell automatisierte Verhaltensmuster ein. Es geht auch anders.

Schritt 1: Das Problem mit einem Satz benennen
Schritt 2: Ein Beispiel für die gewünschte Veränderung anführen
Schritt 3: Ihr Gefühl zu dem Sachverhalt beschreiben
Schritt 4: Erklären, was auf dem Spiel steht, wenn sich das Verhalten nicht ändert
Schritt 5: Den eigenen Anteil am Problem benennen
Schritt 6: Dem Wunsch zur Lösung des Problems Ausdruck verleihen
Schritt 7: Um eine Antwort bitten

So könnte das Gespräch verlaufen:
Schritt 1: »Anja, ich möchte mit dir über dein Verhalten gegenüber unseren Freunden sprechen.«
Schritt 2: »Bei unserer letzten Party hast du zu viel getrunken und Karen ziemlich aggressiv vorgeworfen, sie sei eine Helikoptermutter.«
Schritt 3: »Das ist mir peinlich, und ich mache mir Sorgen über die Konsequenzen.«

Schritt 4: »Wenn du deinen Alkoholkonsum auf unseren Partys nicht im Griff hast, fürchte ich, dass unsere Freundschaft darunter leiden wird.«
Schritt 5: »Ich fühle mich mitverantwortlich. Ich hätte dich rechtzeitig ansprechen müssen und dir nicht so oft nachschenken dürfen.«
Schritt 6: »Wenn du zu viel trinkst, benimmst du dich manchmal daneben. Ich wünsche mir, dass das nicht mehr vorkommt.«
Schritt 7: »Mir ist wichtig, auch deinen Standpunkt zu verstehen. Bitte sag mir, wie du die Sache siehst.«

Der Kunde ist König Hier geht es um Reklamationen, Beschwerden über schlechten Service und ähnliche Situationen. Wenn etwas schiefläuft, ist es absolut in Ordnung, sich zu beschweren, es wird sogar erwartet. Wer sich in diesen Fällen wie ein zivilisierter Mensch benimmt, wird meist sein Ziel erreichen. Kunden haben Rechte, aber sie sollten sich fair verhalten. Einem unfreundlichen Nörgler hilft niemand gern. Und in neun von zehn Fällen ist die Person, mit der Sie sprechen, für das Problem nicht verantwortlich. Die gegenseitigen Erwartungen werden auch durch den kulturellen Kontext beeinflusst.

Schritt 1: Den richtigen Ansprechpartner finden.
Schritt 2: Anliegen und Lösungswunsch gleich zu Beginn klar formulieren – höflich, selbstbewusst und mit vollem Blickkontakt.
Schritt 3: Wenn Sie nicht gleich Erfolg haben: ruhig und beharrlich bleiben. Viele geben zu früh auf.

So könnte das Gespräch verlaufen:

Schritt 1: Eine Beschwerde beim falschen Ansprechpartner ist zwecklos. Ein »Nein« bedeutet in vielen Fällen, dass Sie mit der falschen Person gesprochen haben. Beginnen Sie so: »Ich würde gern mit jemandem sprechen, der für ... zuständig ist.« Meist ist das der Abteilungsleiter oder Geschäftsführer. Lassen Sie sich nicht abwimmeln.

Schritt 2: »Das Gerät entspricht nicht meinen Erwartungen. Ich hätte gern mein Geld zurück« oder »Die Jacke sitzt nicht gut, ich möchte sie umtauschen« oder »Ich würde gern mit Ihnen über den schlechten Kundenservice sprechen, den ich gestern erlebt habe, und ich möchte, dass sich der Mitarbeiter bei mir entschuldigt« oder »Ihr Kellner hat mein Kleid mit Rotwein bekleckert. Ich möchte, dass Sie die Reinigungskosten übernehmen.« Wichtig ist, den Wunsch klar zu formulieren.

Schritt 3: Nicht abwimmeln lassen. Selbstbewusst bleiben und Blickkontakt halten. »Mit Ihrem Vorschlag bin ich nicht zufrieden.« Wiederholen Sie Ihren Wunsch mit ruhiger Stimme. Wenn das nicht wirkt, bitten Sie, mit dem Vorgesetzten zu sprechen. Ist die Person nicht im Haus, lassen Sie sich den Namen und die Durchwahl geben oder vereinbaren Sie einen Termin. Notieren Sie sich die Namen der Personen, mit denen Sie gesprochen haben, und die Daten. Eine Chronologie ist wichtig. Bewahren Sie Kassenzettel und andere Belege auf. Bleiben Sie ruhig und fair, schließlich wollen Sie nicht verärgert nach Hause gehen, sondern eine Lösung erreichen.

Nein sagen Nicht »Nein« sagen zu können ist kein belangloses Problem, sondern eine Spirale, aus der man schwer aussteigen kann. Es fühlt sich gut an, »Ja« zu sagen, und schon bald verlassen sich die Leute darauf.

Schritt 1: Ist die Bitte sinnvoll? Wenn Sie Zweifel haben, möchten Sie wahrscheinlich nicht zustimmen.
Schritt 2: Meistens sind nähere Informationen wünschenswert. Fragen Sie nach. Manche Leute lassen unschöne Details weg, damit Sie »Ja« sagen. Sie sollten genau wissen, was Ihr Gegenüber von Ihnen will und warum.
Schritt 3: Nicht unter Druck setzen lassen. Wenn Sie nicht wollen, sagen Sie »Nein«.
Schritt 4: Ganz wichtig: Nicht entschuldigen! Sagen Sie nicht: »Es tut mir leid, aber ...« Damit machen Sie das Anliegen zu Ihrem Problem, und Sie signalisieren, dass Sie sich vielleicht doch überreden lassen.
Schritt 5: Ein klares »Nein« genügt. Nach einer Pause können Sie Ihre Gründe erklären. Sie können Ihrem Gegenüber auch helfen, eine andere Lösung zu finden.

»Nein« sagen in der Praxis:
Damit ein »Nein« Wirkung zeigt, sollten Sie es nur einmal sagen, und zwar richtig. Nehmen Sie eine stabile Haltung ein, halten Sie Blickkontakt und sagen Sie anschließend nichts weiter. Hier finden Sie einige Vorschläge, wie Sie Ihre Antwort formulieren könnten:

- **»Ich habe vor langer Zeit beschlossen, nie zu …«**
- **»Nein, danke.«**
- **»Das möchte ich lieber nicht.«**
- **»Nein, danke, dass passt mir jetzt nicht.«**
- **»Nein, daran habe ich kein Interesse.«**
- **»Nein, ich habe schon etwas anderes vor.«**
- **»Nein, aber vielleicht gibt es eine Alternative?«**

Höfliche Unterbrechung Eine andere wichtige Grundtechnik in Konfrontationen ist die höfliche Unterbrechung. Sie ist höflich, weil sie Respekt und Interesse an einer guten Lösung bezeugt. Dem Gesprächspartner rüde ins Wort zu fallen wäre der falsche Weg. Dennoch ist es manchmal nötig zu unterbrechen, wenn jemand endlos redet, vom Thema abkommt oder etwas Falsches sagt. Eine Unterbrechung kann der Klärung und der Fokussierung dienen.

Wenn Sie sich in ein Gespräch einschalten oder einen Monolog unterbrechen, sollten Sie Ihren Punkt höflich, aber knapp und klar darlegen. Wählen Sie einen günstigen Zeitpunkt, etwa wenn der Sprecher eine Atempause macht, oder bevor er sich dem nächsten Thema zuwendet. So könnten Sie sich zu Wort melden:

- **»Ich habe eine Idee, die zum gerade Gesagten passt.«**
- **»Darf ich hier bitte unterbrechen?»**
- **»Verzeihung, dem würde ich gern etwas hinzufügen.«**
- **»Hier möchte ich gern einhaken.«**

Wenn Sie nicht zu Wort kommen, zeigen Sie der sprechenden Person durch eine Geste oder Blickkontakt, dass Sie etwas zu sagen haben. Sie könnten sich auch räuspern und dabei, sofern es möglich ist, einen kleinen Schritt auf den Sprecher zugehen. Bringen Sie Ihren Beitrag vor. Danach sollte das Gespräch wieder aufgenommen werden.

Um ein Gruppengespräch zu unterbrechen, nähern Sie sich, aber ohne sich der Gruppe anzuschließen. Sonst könnte der Eindruck entstehen, Sie wollten nur zuhören. Zeigen Sie durch ausreichenden Abstand, dass Sie nicht am Gespräch teilnehmen möchten. Nehmen Sie Blickkontakt zum Sprecher auf und unterbrechen Sie in einem günstigen Moment.

Es ist immer legitim, zu unterbrechen, um eine Erklärung oder Klärung zu erbitten. Meist sind andere Gesprächsteilnehmer dafür sogar dankbar.

Ich finde, die folgenden Formulierungen eignen sich gut, um zu unterbrechen, das Wort zu ergreifen oder sich in ein Gespräch einzuschalten.

- **»Darf ich Sie kurz unterbrechen?«**
- **»Dem möchte ich etwas hinzufügen.«**
- **»Kannst du das etwas genauer erklären?«**
- **»Mit anderen Worten würde das bedeuten …«**
- **»Das finde ich auch.«**
- **»Was mich betrifft, würde ich …«**
- **»Das ist richtig.«**
- **»Ich bin anderer Meinung.«**
- **»Davon bin ich nicht überzeugt.«**
- **»Das sehe ich anders.«**
- **»Es wäre interessant, auch einmal zu überlegen …«**
- **»Wie wäre es, wenn …?«**
- **»Erzähl mir mehr darüber.«**
- **»Bitte führen Sie das aus.«**
- **»Etwas ausführlicher, bitte.«**
- **»Was muss ich noch wissen?«**

Nehmen Sie nichts persönlich!

Unerwartete Konfrontationen können recht unangenehm sein, beispielsweise wenn jemand Ihnen vehement widerspricht, Sie verbal angreift, Sie kritisiert oder einfach unfreundlich zu Ihnen ist.

Unabhängig von Ihrem Konfrontationsstil und Ihren Erfahrungen: Damit können Sie umgehen. Das Schwierigste in solchen Fällen ist ruhig und objektiv zu bleiben. Dazu gehören Übung und Mut. Ich möchte Ihnen aber noch eine andere Herangehensweise ans Herz legen, die Miguel Ruiz in seinem lesenswerten Buch *Die Vier Versprechen* auf den Punkt bringt: Nehmen Sie nichts persönlich! Dinge persönlich zu nehmen ist eigentlich ein Ausdruck von Selbstbezogenheit, also die Annahme »es geht um mich«.

Was andere über Sie sagen (Gutes wie Schlechtes) oder wie sie sich fühlen, ist deren Problem, nicht Ihres. Die anderen sind für das, was sie sagen oder denken, selbst verantwortlich, und Sie sind nur für Ihr eigenes Handeln verantwortlich. Wenn Sie sich das bewusst machen, können Sie auch in schwierigen Situationen mutig und objektiv bleiben.

Wichtig ist, dass Sie sich ernsthaft bemühen, den Standpunkt Ihres Gegenübers zu verstehen. Wenn das gelingt, haben Sie viel bessere Chancen, die Spannungen abzubauen und den eigentlichen Grund für die Konfrontation zu erfahren.

Mit Kritik umgehen

Es ist gar nicht so leicht, direkte Kritik auszuhalten. Unberechtigte Kritik sollten Sie nicht persönlich nehmen, berechtigte Kritik aber auch nicht – Letztere sollten sie jedoch anerkennen und sich damit auseinandersetzen.

Faire Kritik enthält keine Wertung. »Du hast versprochen, Jan und Ina anzurufen, um das Abendessen abzusagen. Das hat du noch nicht erledigt«, ist sachlich und fair. »Willst du dich davor drücken, damit ich es erledigen muss?« enthält dagegen eine Wertung. »Stimmt, das habe ich noch nicht erledigt. Ich rufe gleich nach dem Essen an«, ist eine Antwort, mit der die berechtigte Kritik anerkannt wird. Wer die Situation im Griff haben will, muss lernen, auch auf wertende Kritik ruhig zu reagieren.

Persönliche Kritik sollten Sie zu verstehen versuchen. Fragen Sie nach! Wenn Sie eine ehrliche Antwort bekommen, können Sie sich des Problems annehmen. Vielleicht liegt aber auch gar kein echtes Problem vor:

»Dein Freund Mark ist immer so herablassend zu mir, und du amüsierst dich darüber, statt mir beizustehen.«

»Inwiefern fühlst du dich herablassend behandelt?«

Wenn geklärt ist, dass Ihr Gegenüber nicht nur nörgeln oder einen Streit vom Zaun brechen will, können Sie eine Lösung suchen. »Benimmt er sich dir gegenüber immer so?«, »Was könnte ich denn deiner Meinung nach tun, um dir beizustehen?«

In diesem Beispiel ist es wichtig, nicht sofort in die Defensive zu gehen, also die Kritik persönlich zu nehmen. Dadurch würde der Konflikt nur verschärft. Finden Sie lieber heraus, warum an Ihnen Kritik geübt wird und worin das eigentliche Problem besteht. Vielleicht ist Ihr Gesprächspartner über jemand anders verärgert, richtet seine Kritik aber an Sie. Zuerst verstehen, dann reagieren: Das ist das beste Mittel gegen eine Eskalation. Es gibt viele Möglichkeiten, auf Vorwürfe zu reagieren. Um Missverständnisse oder Verstimmungen zu vermeiden, ist es wichtig, sich für eine angemessene Reaktion zu entscheiden.

Angemessen reagieren

Aus welchen Gründen es auch immer zu einer Konfrontation kommt – Ihre Reaktion auf Ihr Gegenüber hat großen Einfluss auf den Ausgang der Situation. Gehen wir im Beispiel oben davon aus, dass Sie die Zusammenhänge verstehen möchten. Was tun, wenn Ihr Gegenüber einfach gehässig oder unfair ist?

Vielleicht möchte jemand Sie ärgern, ist eifersüchtig oder will sich in den Vordergrund spielen. So könnten Sie damit umgehen:

- **Ignorieren** – So lassen Sie jemanden, der Sie ärgern will, ins Leere laufen.
- **Die Situation durch Humor entschärfen** – Dabei muss klar sein, dass Sie nicht über Ihr Gegenüber lachen, sondern über die komische Seite der Situation.

- **Weggehen** – Diese Reaktion muss gut überlegt sein, weil es schwierig ist, zurückzukommen. Zeigen Sie Ihrem Gegenüber, dass Sie sein Verhalten durchschauen – durch Blickkontakt oder einen klaren, sachlichen Hinweis auf dessen unangemessenes Verhalten.

- **Zeit gewinnen** – Nehmen Sie sich Zeit, um über Ihre Reaktion nachzudenken. Das können Minuten, Stunden oder Tage sein. Oft ist es hilfreich, sich erst einmal zu sammeln. Fordern Sie die Zeit ein, wenn Sie sie brauchen.
- **Eine positive Frage stellen** – Sie wollen verstehen, warum Ihr Gegenüber etwas sagt oder tut. Aber Vorsicht, keinen sarkastischen Ton anschlagen! Mit einer ehrlichen Frage überraschen Sie Ihr Gegenüber womöglich und bekommen eine ehrliche Antwort: »Niko, ich würde gern verstehen, wie du dich fühlst. Warum bist du so wütend?«
- **Fair bleiben** – Wer austeilt, muss auch einstecken können, aber bleiben Sie fair. Wenn jemand sich hässlich oder gemein verhält, begeben Sie sich nicht auf dasselbe Niveau.

Erfolgreiches Verhalten in Konfliktsituationen erfordert manchmal den Mut, etwas Neues auszuprobieren. Man muss vor allem akzeptieren, dass Konflikte nun einmal zum Leben gehören. Um angemessen und selbstsicher mit der Situation umgehen zu können, versuchen Sie zu verstehen, worum es Ihrem Gegenüber genau geht und wie dessen Position in der Konfliktsituation zustande gekommen ist.

Sie haben gesehen, dass man Konfliktscheue durch Übung ablegen kann. Fangen Sie klein an, nehmen Sie sich Zeit und geben Sie sich Mühe: Es lohnt sich. Auch Menschen, die Konfrontationen nicht scheuen, können ihr Verhalten verfeinern. Sie werden sich besser fühlen und in Ihren persönlichen und beruflichen Beziehungen davon profitieren.

Das Konfrontations-Manifest

Die wichtigsten Regeln sollten Sie sich einprägen, falls Sie in Konfliktsituationen doch einmal unsicher werden.

- Nichts persönlich nehmen! Was Ihr Gegenüber denkt und sagt, ergibt sich aus dessen Weltsicht, ist also nicht Ihr Problem. Sie entscheiden, ob und wie weit Sie sich auf die Probleme anderer einlassen wollen.
- Sie haben ein Recht auf Ihre Ansichten und Gefühle, und Sie dürfen sie anderen mitteilen.
- Sie haben ein Recht, einzufordern, was Sie brauchen. Allerdings hat Ihr Gegenüber auch das Recht, sich zu weigern.
- Sie haben ein Recht darauf, Ihre Meinung zu ändern.
- Sie haben ein Recht auf Ihre Privatsphäre.
- Sie haben ein Recht darauf, Ihre Ziele und Hoffnungen zu verwirklichen, solange Sie sich dabei nicht anderen gegenüber unfair verhalten.
- Sie werden manchmal falsche Entscheidungen treffen. Das macht nichts. Akzeptieren Sie einen Misserfolg, nehmen Sie ihn nicht persönlich und wagen Sie einen neuen Versuch.

6 Präsenz

Immer mehr Menschen werden sich der Bedeutung von Präsenz bewusst und möchten für sich selbst daran arbeiten. Das Schöne dabei ist, dass man immer genau da anfängt, wo man gerade steht. Der spanische Dichter Antonio Machado hat es so ausgedrückt: »Wanderer, es gibt keinen Weg. Der Weg entsteht beim Gehen.«

Präsenz ist spürbar und erkennbar, aber schwer zu definieren. In meinem Beruf werde ich oft um Hilfe gebeten, wenn jemand sich »mehr Präsenz« wünscht. Wenn ich dann versuche, herauszufinden, was genau die Person damit meint und was sich ändern könnte, wenn sie ihr Ziel erreicht, höre ich oft allgemein formulierte Aussagen wie »ich möchte mich selbstsicherer und souveräner fühlen«, »ich möchte, dass die Menschen mich ernst nehmen«, »ich möchte ruhiger werden und mich besser konzentrieren können«, »ich fühle mich so unwohl, wenn ich im Mittelpunkt der Aufmerksamkeit stehe«, »ich möchte, dass meine Gegenwart im Raum spürbar ist« oder »ich möchte schlagfertiger werden«.

Durch mein Studium der Sozialpsychologie und jahrelange Berufserfahrung als Coach habe ich gelernt, dass jeder Mensch Präsenz auf seine eigene Weise definiert. Auch das Selbstbild und die Selbstwahrnehmung spielen dabei eine Rolle.

Grundsätzlich wird Präsenz durch innere und äußere Faktoren beeinflusst. Zu den inneren Faktoren gehören die eigene Sozialisation und Lebenserfahrung, die Selbstwahrnehmung und die Einschätzung des eigenen Befindens. Die äußeren Faktoren variieren. Es kommt darauf an, wie andere uns sehen, welchen Eindruck wir vermitteln und in welchem Kontext wir gerade stehen. Mit anderen Worten, Präsenz liegt teilweise im Auge des Betrachters.

Ich verstehe unter Präsenz eine Übereinstimmung zwischen der Innenwelt und dem physischen Körper. Eine solche Kongruenz liegt vor, wenn das, was Sie

»Wanderer, es gibt keinen Weg. Der Weg entsteht beim Gehen.« Antonio Machado

sagen, mit ihren Intentionen (Gefühlen, Überzeugungen, Werten und situationsbezogenen Zielen) in Einklang steht. Diese Kongruenz ist für andere Menschen wahrnehmbar. Wer Präsenz ausstrahlt, fesselt auf subtile Weise die Aufmerksamkeit der Zuhörer, sodass sie weniger anfällig sind für Ablenkungen.

Im Zustand der Kongruenz sind Sie entspannter, mehr im Hier und Jetzt. Und so können Sie auch andere Menschen zu sich ins Hier und Jetzt holen.

Jeder kann jederzeit an seiner Präsenz arbeiten. Es gibt einige leicht erlernbare Techniken, die Ihnen dabei helfen können. Wir alle spüren in manchen Momenten ein ruhiges Selbstbewusstsein und innere Stärke. Es gibt aber für jeden auch Zeiten, in denen man sich wünscht, dieser Zustand käme häufiger vor oder ließe sich »anknipsen«.

Ich habe in diesem Buch mehrfach erklärt, wie man durch verbesserte Selbstwahrnehmung, eine stabile Haltung und gute Reaktionen seinen Körper gezielt zur Unterstützung einsetzen kann. Diese Unterstützung gibt uns die physische und psychische Stärke, auch schwierige Situationen im Beruf und Privatleben erfolgreicher zu meistern.

Im Grunde verfügen Sie damit über alles, was Sie brauchen, um Ihre Präsenz zu entwickeln. In diesem

Kapitel geht es zunächst um Alltagskompetenzen und dann um einige Grundhaltungen und Reaktionen, die Sie auf Ihrem persönlichen Weg zu mehr Präsenz weiterbringen können.

Meiner Meinung nach sollten dabei vier Aspekte im Vordergrund stehen. Alle sind hilfreich, um im Hier und Jetzt präsent zu sein.

Wir werden diese Aspekte nacheinander betrachten. Keiner ist wichtiger als der andere, sie alle ergänzen und unterstützen einander.

Zuhören

Manche Menschen erkennen ein Leben lang nicht, dass sie keine guten Zuhörer sind. Dadurch entgeht ihnen der Gewinn, den gutes Zuhören für sie selbst und andere bringen kann. Es ist eine Fähigkeit, durch die Sie im Leben schnell und auf interessante Weise vorankommen können.

Wer gut zuhört, kann Situationen besser einschätzen. Wenn Sie verstehen, was in einem bestimmten Moment tatsächlich vor sich geht, sind Sie gut gerüstet, um auf Ihre Lebenswelt angemessen zu reagieren.

Studien zufolge halten sich die meisten Menschen für gute Zuhörer, etwa weil jemand es ihnen gesagt hat oder weil sie andere nicht unterbrechen. Vielleicht sind Sie jemand, dem sich andere anvertrauen. Vielleicht überlassen Sie anderen im Gespräch den größeren Redeanteil. Aber wer wenig sagt, ist noch lange kein guter Zuhörer.

Unser Körper ist auf Empfang programmiert. Dafür verwenden wir hauptsächlich die Ohren und Augen. Beteiligt sind aber auch Tast- und Geruchssinn, Stimmung, Temperatur, Puls, Rhythmus- und Bauchgefühl oder Intuition. Bei den meisten Menschen sind aber höchstens zwei Kanäle gleichzeitig auf Empfang.

Einem Freund zufolge ist Zuhören »eine Frage der Aufmerksamkeit«. Er meint, das Zuhören fällt uns schwer, wenn andere Dinge unsere Aufmerksamkeit binden. So denken wir oft an Ereignisse des Vortags oder Dinge, die wir später noch erledigen müssen.

Störfaktoren, die uns am guten Zuhören hindern, sind allgegenwärtig: geistige, emotionale und körperliche Faktoren, aber auch eingefahrene Körperhaltungen. Wenn wir diese Faktoren kennen, können wir an ihnen arbeiten.

Geistige Störfaktoren Dazu gehören Vorurteile, aber auch das eigene Wissen zu einem Thema (»Ich bin Fachmann, warum soll ich also zuhören?«), die Geschwindigkeit, mit der das Gehirn Informationen verarbeitet (»Sie spricht viel zu schnell, ich komme beim Mitschreiben nicht mit.«), Aspekte der Planung (»Ich wusste nicht, dass er auch kommt. Wie passt er in die Runde?«), die Struktur der Aussage (»Mir war nicht klar, dass ein Problem vorliegt. Warum schlägt sie eine Lösung vor?«), Kontrollwünsche (»Hoffentlich hört er bald auf zu reden. Ich habe auch etwas zu sagen.«), Zeit (»Wenn es so weitergeht, fällt das Mittagessen aus.«) und Beobachtungen (»Die Person sendet merkwürdige Signale. Kann ich ihr trauen?«).

Emotionale Störfaktoren Dazu gehören Angst (»Alle werden erfahren, dass ich versagt habe.«), Anziehung (»Ob er mich wohl so attraktiv findet wie ich ihn?«), Ego (»Undenkbar, dass er mehr weiß als ich. Ihm werde ich's zeigen.«), Gewinnsucht (»Wenn ich beleidigt tue, springt vielleicht mehr für mich heraus.«), Unsicherheit (»Hoffentlich bemerkt niemand, dass ich keine Ahnung habe.«) oder Zweifel (»Habe ich es verdient, hier zu sein? Was, wenn wir uns nicht einig werden?«)

Physische Störfaktoren Dazu gehören Hitze (»Es ist viel zu warm und die Sonne blendet.«), Kälte (»Hätte ich nur meinen Schal mitgenommen.«), körperliches Unwohlsein (»Meine Hose kneift.«), Begeisterung (»Das sieht toll aus!«), Lärm (»Oh nein, schon wieder Bauarbeiten.«) oder Hunger (»Wann gibt es Essen?«).

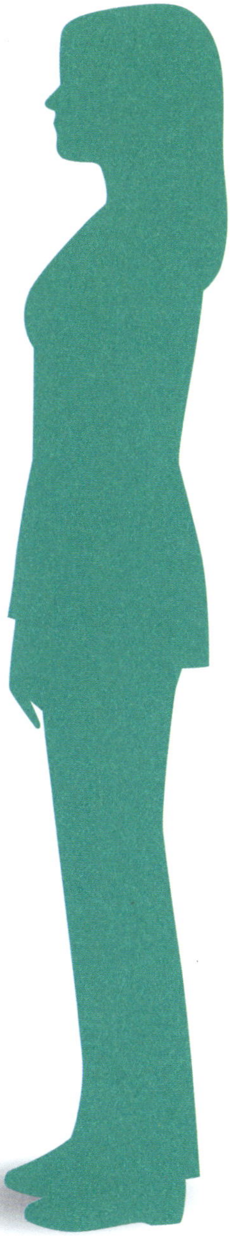

Solche geistigen, körperlichen und emotionalen Störfaktoren sind immer vorhanden. Sie verleiten uns dazu, abzuschweifen, statt intensiv zuzuhören. Das bedeutet letztlich, dass jeder Mensch nur so gut zuhört, wie er kann, denn jeder ist ständig mit Störfaktoren konfrontiert. Lernen Sie zuerst die Störfaktoren kennen, auf die Sie selbst reagieren, und achten Sie dann darauf, wo sie bei anderen liegen könnten. Vielleicht neigen Sie dazu, vorschnell über eine Person zu urteilen, noch bevor sie ein Wort gesagt hat. Vielleicht erinnert Sie die Person an jemanden und Sie sind deshalb abgelenkt. Vielleicht sind Sie einfach hungrig, müde oder fühlen sich nicht wohl. Störfaktoren, die Sie erkennen, können Sie vorübergehend oder dauerhaft beseitigen, um besser zuzuhören.

Die meisten Störfaktoren können Sie beeinflussen. Wenn das nicht möglich ist, können Sie sich immer noch entscheiden, das Gespräch zu verschieben. Oft hilft es, den Störfaktor zur Sprache zu bringen: »Ich möchte mich gern auf das Gespräch konzentrieren, aber hier ist es sehr laut. Könnten wir in einen anderen Raum umziehen?«

Typische Verhaltensmuster

Die folgenden Gewohnheiten sagen etwas über die Qualität Ihres Zuhörens aus. Keine davon ist richtig oder falsch. Schwierig wird es aber, wenn eine Gewohnheit sich verselbstständigt oder der Situation nicht angemessen ist.

- Aus Höflichkeit zuhören
- Recht haben müssen
- Selektiv zuhören

Aus Höflichkeit zuhören In diesem Fall sind Sie nur körperlich anwesend, im Raum oder am Telefon, und vielleicht erwecken Sie sogar den Eindruck zuzuhören. Vielleicht nicken oder lächeln Sie oder geben zustimmende Geräusche von sich. Ihnen geht es darum, höflich zu sein, ansonsten sind Sie nicht bei der Sache. Danach erinnern Sie sich bestenfalls an ein angenehmes Gespräch, aber nicht an seinen Inhalt. Solche Gespräche finden typischerweise auf Cocktailpartys, bei zwanglosen Geschäftsessen oder zufälligen Begegnungen statt, leider hören wir aber auch dem Partner oder den Kindern oft nur höflich zu, wenn wir abends abgespannt sind. Diese Strategie hilft letztlich, Momente mit Anstand zu überstehen, in denen man gelangweilt ist oder kein Interesse hat.

Natürlich muss man gelegentlich zu dieser Strategie greifen, und manchmal gibt es keine bessere, etwa wenn Sie an Jetlag leiden und nichts mitzuteilen haben, oder wenn Sie bei einer Party gute Miene machen möchten, aber eigentlich lieber gehen

würden. Wenn das höfliche Zuhören aber zur eingefahrenen Gewohnheit wird, laufen Sie Gefahr, etwas Interessantes zu verpassen oder Ihrem Gesprächspartner zu signalisieren, dass er Ihnen wirklich wichtig ist.

Einer meiner Freunde wird häufig zu Ausstellungseröffnungen und ähnlichen Veranstaltungen eingeladen. Er verabscheut den gesellschaftlichen Zirkus und findet, dass der Smalltalk nach einem langen Tag »wie eine Schlaftablette« wirkt. Um die Zeit nicht zu verschwenden, spielt er ein Spiel mit sich selbst. Statt nur höflich zuzuhören, versucht er, »das Interessante an jedem Menschen zu finden«. Dazu stellt er eine Frage, deren Antwort beiden Gesprächspartnern einen Denkanstoß gibt.

Er formuliert die Fragen so, dass sein Gegenüber etwas Persönliches, also Interessantes, von sich preisgibt. So könnten diese Fragen lauten:

- »Welches Bild (oder andere Exponat) gefällt Ihnen am besten?« statt: »Wie gefällt Ihnen die Ausstellung?«
- »Wenn die Veranstalter eine Sache ändern könnten, was sollte das Ihrer Meinung nach sein?« statt: »Möchten Sie noch ein Glas Wein?«
- »Wodurch wurde Ihr Interesse an Malerei (oder anderes Thema) geweckt?« statt: »Und was machen Sie beruflich?«

Wenn Sie bei nächster Gelegenheit höflich zuhören, achten Sie einmal auf Ihre Haltung und Gewichtsverteilung. Wenn Sie ein vertrautes Muster erkennen – Gewicht auf einer Seite, in einen Sessel gelümmelt, flache Atmung, auf Zehen und Fersen wippen, mit etwas herumspielen – tun Sie bewusst etwas anderes. Machen Sie es sich ein bisschen unbequem. Verlagern Sie das Gewicht auf die andere Seite oder leicht nach vorn auf die Zehen, verteilen Sie es gleichmäßig auf beide Füße. Schultern entspannen und Bauch einziehen. Bleiben Sie einen Moment so. Wie fühlt es sich an? Im Sitzen rücken Sie nach vorn, bis die Stuhlkante auf halber Oberschenkellänge liegt. Die Füße flach auf den Boden setzen, Wirbelsäule aufrichten (nicht anspannen), Schultern entspannen. Wenn Sie nicht an einem Tisch sitzen, lehnen Sie sich zurück (Gewicht auf beiden Gesäßhälften). Die Schultern entspannen und das Kinn so halten, als wollten Sie damit eine Orange auf der Brust festhalten. Nicht übertreiben – halten Sie einfach Nacken und Schultern entspannt und den Rücken aufrecht, ohne den Kopf zurückzulegen. Das Atmen nicht vergessen …

Es gibt viele Momente, in denen wir lieber woanders wären. Aber wenn wir es zulassen, können wir auch in solchen Momenten Interessantes erleben.

Recht haben müssen Die meisten Menschen haben gern recht. Experten für bestimmte Sachgebiete werden sogar fürs Rechthaben bezahlt, nehmen ihren Beruf aber leider oft ins Privatleben mit. In manchen Kulturen und Religionen sind starke, selbstbewusste, klare und wortgewandte Führungspersonen hoch angesehen. Diese sind aber manchmal so damit beschäftigt, recht zu haben oder einen guten Eindruck zu machen, dass sie nicht mitbekommen, was um sie herum vorgeht.

Solche Menschen haben durchaus manchmal recht. Sie pflegen andere zu unterbrechen, machen sich durch kurze Einwürfe (»Ja, genau«) bemerkbar, beenden den Satz, den jemand anders angefangen hat oder passen kürzeste Redepausen ab, um sich über ihre Erfahrungen zum jeweiligen Thema auszulassen.

Um eine Unterbrechung handelt es sich auch in anderer Hinsicht: Sobald die Person alles gehört hat, was sie benötigt, um ihre Meinung zu bestätigen, folgt sie dem Gespräch nicht mehr aufmerksam, sondern denkt an etwas anderes. Das vorherige Thema ist abgehakt. Das zeigt sich auch in der Körpersprache. Der Blickkontakt verringert sich oder bricht ganz ab, vielleicht wendet sich die Person sogar einer anderen Beschäftigung zu. Beim Sprechen und Zuhören ist der Oberkörper oft vorgebeugt. Hinter diesem Zuhörverhalten steckt häufig Angst – Angst zu verlieren, Angst zu versagen, Angst sich zu irren oder Angst, für inkompetent gehalten zu werden.

»Lass mich doch bitte ausreden.«

Wer eine solche Person kennt, sollte zunächst freundlich darum bitten, nicht mehr zu unterbrechen. »Tom, bitte lass mich ausreden.« Wenn das nicht genügt, werden Sie deutlicher. »Tom, ich verliere den Faden, wenn du mich unterbrichst oder meine Sätze beendest. Kannst du bitte warten, bis ich fertig bin?« Damit ist das Problem zwar nur für den Moment gelöst, aber Ihr Gegenüber versteht, wie unangenehm die Unterbrechungen für Sie sind.

Wenn Sie selbst beim Zuhören das Gefühl haben, Ihre Position bestätigen zu müssen, widerstehen Sie dem Impuls, dem Gesprächspartner ins Wort zu fallen. Warten Sie ab. Wenn Ihr Gesprächspartner fertig ist, können Sie Ihren Standpunkt darlegen, falls er dann noch von Belang ist. So vermitteln Sie Ihrem Gesprächspartner, dass Sie ihm als großzügiger Zuhörer genügend Raum für seine Ausführungen gegeben haben (von Ihrem inneren Kampf weiß er ja nichts).

Sie könnten auch üben, während des Zuhörens Zustimmung, Abwägung oder Skepsis zu signalisieren, ohne einen verbalen Kommentar hinzuzufügen.

Zustimmung äußern Sie beispielsweise durch leise Geräusche wie »mhm«, »aha« oder »oh«, durch dezente Gesten, die den Sprecher zum Fortfahren auffordern oder durch Nicken. Denkbar sind auch sehr leise Bemerkungen wie: »Tatsächlich?« oder »Das wusste ich nicht.« Wir alle kennen aber Menschen, die ständig durch Laute und Zwischenrufe stören und ablenken. Das ist nicht gemeint.

Das Bedürfnis, recht haben zu müssen, ist schwer zu kontrollieren. Wenn Sie aber den Impuls zu unterbrechen in den Griff bekommen, werden Sie feststellen, dass Sie gar nicht unbedingt recht bekommen oder die entscheidende Aussage selbst aussprechen müssen.

Und schließlich empfehle ich vor einem Gespräch einige ruhige Atemzüge. Ordnen Sie Ihre Gedanken zum Thema (wenn es eins gibt), und haben Sie den Mut, auf einige Wortbeiträge zu verzichten. So ziehen Sie vielleicht mehr aus dem Gespräch.

Verhaltensmuster beim Zuhören

Jeder von uns zeigt immer wieder die gleichen Verhaltensmuster, vor allem beim Zuhören. Individuell können sie sehr unterschiedlich sein. Wenn wir in einem der oben beschriebenen Zuhörmodi sind, nehmen wir automatisch eine bestimmte Haltung ein oder legen bestimmte Verhaltensweisen an den Tag. Die folgenden sind besonders verbreitet. Ich will keine davon als gut oder schlecht bezeichnen, man sollte sich aber darüber im Klaren sein, dass sie sich auf die Konzentrationsfähigkeit auswirken.

- Übergeschlagene Beine im Sitzen
- Verschränkte Arme beim Zuhören
- Gewichtsverlagerung auf eine Seite im Stehen
- Das Gesicht halb vom Sprecher abwenden
- Durch den Raum gehen
- Die Schultern zusammenfallen lassen
- Wegschauen, während jemand spricht
- Mit etwas herumspielen
- Die Augen zusammenkneifen, den Kopf schräg halten

Reflektieren Sie Ihre eigenen Gewohnheiten: Wenn Sie im Zweiergespräch oder in einer kleinen Gruppe zuhören, wie ist Ihr Gewicht verteilt? Sind Ihre Schultern angespannt oder locker? Wie atmen Sie? Schlagen Sie die Beine übereinander? Sacken Sie einseitig zusammen? Lehnen Sie sich nach links oder rechts?

Entspannt zu sitzen bedeutet für viele: tief in den Sessel sinken, Beine übereinandergeschlagen, Kopf in die Hand gestützt. Wie ist es im Stehen? Verlagern Sie Ihr Gewicht dauerhaft auf eine Seite? Können Sie ein paar Haltungen beschreiben, die typisch für Sie sind? Wie wirken sie sich auf Ihre Aufmerksamkeit aus?

Grundregeln für gutes Zuhören

Niemand kann immer und überall ein guter Zuhörer sein. Es kostet Zeit und Arbeit, sich eingefahrene Verhaltensweisen abzugewöhnen. Betrachten Sie dies als Langzeitziel und versuchen Sie, Ihre unbewussten Verhaltensweisen besser wahrzunehmen. Wer es schafft, an seinen Zuhörgewohnheiten zu arbeiten, gewinnt dadurch mehr Präsenz. Hier finden Sie einige Grundregeln. Wer alle beherzigen kann, ist ein Wunderwesen. Wer meistens einige von ihnen beherzigt, hat schon viel erreicht.

- Den Inhalt beurteilen, nicht den Sprecher
- Nicht das Gespräch an sich reißen
- Ich-Aussagen machen: »Ich habe gehört, dass …« statt: »Man hat mir gesagt …«
- Nichts persönlich nehmen, nicht in die Defensive gehen
- Versuchen Sie etwas Sympathisches an Ihrem Gesprächspartner zu finden (es gibt immer etwas).
- Hören Sie zu, als ob Sie Ihr Gegenüber nicht kennen würden.

- Versuchen Sie, zwischen echtem Wissen und Hörensagen zu unterscheiden.
- Nicht unterbrechen. Bis zum Schluss zuhören, auch wenn Sie ahnen, was Ihr Gegenüber sagen wird. Fragen Sie nach – gehen Sie nicht davon aus, dass alles gesagt ist.
- Nehmen Sie sich etwa 20 Prozent mehr Zeit zum Zuhören, als Sie für nötig halten. Manchmal dauert es ein Weilchen, bis das Wichtige kommt.
- Seien Sie feinfühlig. Wenn Menschen sich bedroht fühlen, gehen sie in die Defensive – das ist normal. Vielleicht erleben Sie Aggression, Zorn oder Konkurrenz. Seien Sie nachsichtig und verständnisvoll, stellen Sie sich darauf ein. Wenn Sie wirklich etwas über Ihr Gegenüber erfahren wollen, seien sie auf verschiedenen Ebenen offen und unvoreingenommen. Mit etwas Übung können Sie mehrere Empfangskanäle aktivieren. Aber wie immer: Man muss es wollen.

Ob Sie sich kennen oder nicht: Sie und Ihr Gegenüber sind bereit, Zeit und Energie zu investieren, um sich miteinander zu verständigen. Das heißt, Sie sind beim Zuhören empathisch, urteilen nicht vorschnell und haben ein Gefühl dafür, was für Sie und die andere Person wichtig ist. Sie geben sich Mühe, wirklich gut zuzuhören. Es braucht etwas Zeit und Arbeit, diesen Stil zu kultivieren, aber es lohnt sich. Im Lauf der Jahre habe ich festgestellt, dass man durch bewusstes Zuhören oft schneller zum Kern eines Problems vordringt, weil man daran interessiert ist, Gründe, Motive oder Gefühle zu erkennen, die anderenfalls den Gesprächserfolg infrage stellen können. Darin liegt ein großer Gewinn.

Besonders interessante Zuhör-Erlebnisse hatte ich mit Personen, die mir vollkommen fremd waren. Das mag seltsam klingen, darum will ich es erklären. Gutes Zuhören bedeutet, jemandem so zuzuhören, als würden Sie ihn nicht kennen. Dazu gehört Großzügigkeit, denn Sie nehmen sich Zeit und sind auch bereit, sich auf unerwartete Gesprächspfade zu begeben. Sie sind neugierig und aufmerksam. Mit einer fremden Person haben Sie keine gemeinsame Geschichte. Sie sind nicht voreingenommen, und Ihr Gegenüber kennt Ihre gewohnheitsmäßigen Verhaltensweisen nicht. Meistens befinden Sie sich an einem Ort, an dem Sie Zeit haben. Ein Flugzeug, ein Café oder eine Warteschlange sind ideale Orte, um diese Art des Zuhörens zu üben. Vielleicht erfahren Sie dabei etwas über sich selbst, entweder dadurch, wie Sie sich nach dem Gespräch fühlen – erfrischt, entspannt, angeregt – oder weil Sie sich selbst einmal anders erlebt haben. Vielleicht erhalten Sie aber auch einen Einblick in eine vollkommen andere Lebenswelt.

Gute Haltung beim Zuhören

Sie werden feststellen, dass Sie Ihre typischen Zuhörhaltungen als bequem empfinden. Das hat seine Vor- und Nachteile. Gerade beim Zuhören ist es oft sinnvoll, seine üblichen Gewohnheiten zu verändern oder sogar das Gegenteil zu tun: Wenn Sie sich nach vorn neigen, lehnen Sie sich zurück. Wenn Sie sich zu einer Seite lehnen, wählen Sie die andere – und zwar nicht zaghaft, sondern deutlich. Nach ungefähr einem Monat werden Sie feststellen, dass Sie Ihrer Umgebung anders zuhören. Wer schon einmal meditiert hat, erinnert sich sicherlich, wie schwierig es anfangs ist, einfach ruhig zu sitzen. Der Körper fühlt sich merkwürdig an, vielleicht steif oder kribbelig. Erst wenn man diese Phase überwunden hat, kann man von der Meditation profitieren. Mit dem Zuhören verhält es sich ähnlich.

Die Übung ist wirklich aufschlussreich. Versuchen Sie es mit Menschen, die Sie kennen – privat oder auch beruflich. Ich verspreche Ihnen, dass Sie erstaunliche Entdeckungen machen werden.

Aber auch mit der richtigen Haltung bleibt das gute Zuhören eine Herausforderung. Es kann nur funktionieren, wenn Sie es tatsächlich wollen. Der Weg ist nicht einfach, aber er lohnt sich unbedingt. Wenn Sie täglich üben, können Sie mit kleinen Schritten große Veränderungen erzielen.

Aufmerksamkeit

Präsenz bedeutet, aufmerksam zu sein: gegenüber sich selbst, gegenüber anderen Menschen und gegenüber der Aufgabe, die gerade ansteht. Ich habe viele Klienten erlebt, denen es schwerfiel, ihre Aufmerksamkeit zu fokussieren, aber gerade darin liegt der Schlüssel zu den gewünschten Veränderungen.

Nachdem sie gelernt hatten, wirklich aufmerksam zu sein, berichteten mir viele Klienten, dass ihnen der Alltag leichter von der Hand geht und sie weniger unter Stress leiden. Manche waren produktiver geworden, oder die Qualität ihrer Arbeit hatte sich verbessert. Andere fühlten sich erleichtert, ruhig, zufrieden, insgesamt wohler. Bei vielen hatte sich die Fähigkeit, Kontakte herzustellen oder Beziehungen aufzubauen, deutlich verbessert. Was meine ich nun mit »voller Aufmerksamkeit«, und warum ist sie so wichtig?

Denken Sie an einen 100-Meter-Lauf. Wenn Sie den Start beobachten: Was glauben Sie, wer wird gewinnen? Der Läufer, der seine Schuhe zubindet, Freunden unter den Zuschauern zuwinkt und seine Konkurrenten rechts und links anschaut? Oder der Läufer, der ruhig und konzentriert auf seine Bahn schaut und sein Ziel fixiert?

Volle Aufmerksamkeit geht mit vollem Bewusstsein einher. Sie kennen sicherlich Formulierungen wie »ganz im Hier und Jetzt sein« oder »präsent sein«. Der

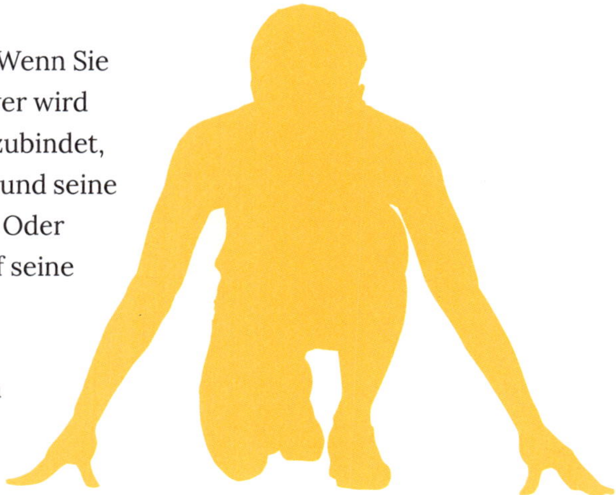

Körper ist entspannt, die Atmung ruhig und langsam. Das Gegenteil davon ist der »Autopilot-Modus«, in dem die meisten Menschen durch den Alltag fliegen, in dem sich schlechte Gewohnheiten ständig wiederholen und so verfestigen.

Der amerikanische Psychologe Abraham Maslow hat volle Aufmerksamkeit als »Gipfelerlebnis« beschrieben, denn wir fühlen uns »voller Freude über die Grenzen des Gewöhnlichen hinausgehoben«. Wenn das stimmt, warum sind wir dann nicht alle aufmerksamer?

In einer Welt voller Ablenkungen ist unsere Aufmerksamkeit ständig gefordert. Es heißt, dass die Menschen heutzutage einfach mehr zu tun haben. Stimmt das? Muss das so sein?

Durch Ablenkung leidet die Aufmerksamkeit. Wir nehmen uns selbst schlechter wahr und sind uns des Eindrucks, den unser Verhalten auf andere macht, weniger bewusst. Das wird durch die Geräte, durch die wir rund um die Uhr erreichbar sind, und Informationen, die unablässig auf uns einwirken, verstärkt.

Multitasking

Multitasking ist eine Fähigkeit, auf die viele Menschen sehr stolz sind. Erledigt man mehrere Aufgaben gleichzeitig, heißt das aber in der Regel, dass keine wirklich gut erledigt wird. Unsere Arbeitswelt fördert derartige Hyperaktivität, doch der Gewinn ist mager. Multitasking geht auf Kosten der Aufmerksamkeit.

Bestimmt haben Sie auch schon einmal erlebt, dass ein Gesprächspartner zwischendurch immer wieder einen Blick auf sein Smartphone oder über die Schulter wirft. Damit hat dieser Gesprächspartner eins zweifelsfrei vermittelt: Seine Aufmerksamkeit war geteilt, er war nicht wirklich auf Sie und das Gespräch konzentriert.

Verstehen Sie mich richtig: Es ist nicht grundsätzlich falsch, mehrere Aufgaben gleichzeitig zu bearbeiten. Es kann notwendig und sinnvoll sein, beispielsweise wenn Sie an einem Nachmittag Kuchen backen und Unkraut jäten wollen. Sie schieben den Teig in den Ofen und gehen in den Garten, kein Problem. Unser Gehirn braucht sogar immer wieder neue, interessante Aufgaben, aber zu viel Multitasking kann uns überfordern und das Risiko für Fehler erhöhen. Und in der Interaktion mit einer anderen Person ist Multitasking ganz bestimmt keine gute Idee.

Konzentration auf das Falsche

Wenn wir uns schlecht konzentrieren können, verlieren wir schnell die Fähigkeit, Prioritäten zu setzen. All die vielen Aufgaben, die zu erledigen sind, summieren sich in einer langen Liste, auf der alles gleichermaßen wichtig erscheint. Dann kommt das Gefühl auf, nicht alles schaffen zu können. Wer nicht in der Lage ist, Prioritäten zu setzen, fühlt sich schnell gestresst.

Wenn Sie den Blick für die Prioritäten verloren haben, scheint Multitasking notwendig zu sein, weil viele Dinge gleichzeitig und mit der gleichen Dringlichkeit auf Sie einstürmen. Weil Sie aber nicht imstande sind, klare Prioritäten zu setzen, wird sich das in Ihrem Handeln niederschlagen.

Wer sich auf das Falsche konzentriert, kann sich leicht an einer Aufgabe festbeißen und dabei übersehen, dass er in Wahrheit gar nicht vorankommt.

Aufmerksamkeit ist lernbar

Schauen wir uns an, wie wir unsere Aufmerksamkeit trainieren können. Es ist wie mit einer Tafel Schokolade: Besser, man genießt jedes kleine Stückchen, sonst starrt man später ungläubig auf das leere Papier und fragt sich: »Habe ich das wirklich alles gegessen?« Unsere Aufmerksamkeit ist endlich. Sie ist manchmal kaum vorhanden und manchmal ganz da. Und meist haben Sie das selbst in der Hand.

Unsere Aufmerksamkeit profitiert von ausreichend Schlaf und Bewegung, innerer Ruhe und gutem Allgemeinbefinden. Ablenkungen sollten Sie abstellen.

Die folgenden Übungen können Ihnen helfen, Ihre Aufmerksamkeit ganz bewusst dem gegenwärtigen Moment zuzuwenden. Ich habe damit bei meinen Klienten gute Erfolge erzielt.

Apropos Schokolade ... Eine gute Freundin, die ausgebildete Krankenpflegerin und Gesundheitsberaterin ist, hat eine Achtsamkeitsübung mit Schokolade entwickelt. Mir gefällt diese Übung sehr gut (nicht nur wegen der Schokolade), weil sie uns hilft zu lernen, wie man Tempo herausnimmt und sich ganz auf den jeweiligen Moment und auf seine Sinne konzentriert.

Das gilt genauso für alles, was in diesem Buch thematisiert wird: andere Menschen und was sie sagen, wie sie sich fühlen, was um sie herum geschieht. Es geht um Wahrnehmen und Auskosten.

Achtsamkeit mit Schokolade

Achtsamkeit heißt, sich Zeit zu lassen und alle Einzelheiten aufmerksam wahrzunehmen. Das lässt sich mit etwas Essbarem gut üben. Sie brauchen für die Übung nur ein Stückchen Schokolade und 5 Minuten Zeit.

- Sie brauchen ein 5-g-Stück dunkle Schokolade (oder eine andere Lieblingssüßigkeit).
- Beginnen Sie mit dem Anschauen: Die Schokolade auswickeln und in die Handfläche legen.
- Schauen Sie sich die Form genau an. Berühren Sie die Schokolade. Fühlen Sie, wie glatt sie ist, spüren Sie das Gewicht in der Hand. Riechen Sie daran – dabei langsam tief einatmen. Geben Sie Ihren Sinnen Zeit und genießen Sie die Vorfreude.
- Nun an der Schokolade lecken und genau auf den Geschmack achten. Wieder anschauen, riechen. Dabei wird im Gehirn das Glückshormon Dopamin ausgeschüttet. Die Botenstoffe des Gehirns werden aktiv.
- Ein winziges Stück von der Schokolade abbeißen und auf der Zunge liegen lassen, bis es zu schmelzen beginnt. Die Schokolade im Mund bewegen, damit sich der Geschmack entfaltet. Achten Sie auf das Mundgefühl und den Geschmack.
- Die Schokolade in der Hand wieder anschauen, dann noch ein kleines Stück abbeißen. Schmelzen lassen, daran knabbern, langsam im Mund bewegen und an den Gaumen heben. Achten Sie genau darauf, wie sich all das anfühlt.
- Ihre Blutgefäße entspannen sich, der Blutdruck sinkt. Glückshormone, die durch Achtsamkeit und Schokolade aktiviert werden, reduzieren im Körper Entzündungs-Botenstoffe, die bei uns allen durch Alltagsstress ausgeschüttet werden.
- Wenn Sie mit der Übung fertig sind, nehmen Sie sich noch 2 Minuten Zeit, um einfach den Augenblick zu genießen – ohne das Smartphone anzurühren.

Konzentrationsübung

Hier geht es um die Fähigkeit, sich auf eine einzige Sache zu konzentrieren, etwa die Atmung. Beginnen Sie mit 5 Minuten, und dehnen Sie die Übung allmählich auf 15 Minuten aus.

Sie sitzen bequem aufrecht und konzentrieren sich auf Ihre Atmung. Versuchen Sie zu spüren, wie beim Ein- und Ausatmen die Luft durch Ihre Nasenlöcher strömt, oder wie sich Ihr Bauch hebt und senkt. Für den Anfang ist es einfacher, die Aufmerksamkeit auf einen körperlichen Prozess zu lenken, etwa die Atemzüge oder die Bewegung des Bauchs, als beispielsweise zu zählen oder sich auf eine Kerze oder ein Geräusch zu konzentrieren. Seien Sie nicht enttäuscht, wenn Ihre Gedanken während der Übung immer wieder abschweifen. Das ist normal. Lenken Sie die Konzentration immer wieder zurück auf die Atmung.

Diese Übung ist auch im Gehen möglich, Sie können also Bewegung mit Achtsamkeit kombinieren. Setzen Sie die Füße bewusst auf. Spüren Sie die Luft auf der Haut und die Sonnenwärme im Gesicht. Horchen Sie. Ich gehe gern barfuß und konzentriere mich auf das, was ich unter den Füßen spüre – Sand, Holz, Gras oder einen anderen angenehmen Untergrund.

Wahrnehmungsübung

Bei dieser Übung geht es darum, alle Wahrnehmungen – innere wie äußere – zuzulassen, ohne sie zu verarbeiten oder über sie nachzudenken. Achten Sie einfach darauf, was Ihnen in den Sinn kommt, und lassen sie es wieder vergehen.

Sie sitzen bequem aufrecht. Lassen Sie alle Wahrnehmungen, Gedanken und Gefühle zu, ohne sie länger festzuhalten. Alles, was mit Sorge, Planung, oder Bewertung zu tun hat, nennen Sie beim Namen, sobald es Ihnen in den Sinn kommt, und lassen es dann los. Lassen Sie es vorüberziehen wie die Wolken am Himmel. Sie beobachten einfach die Gedanken, widmen sich ihnen aber nicht und lassen nicht zu, dass sie länger bei Ihnen bleiben. Wenn Sie bemerken, dass Sie einem Gedanken nachhängen, wechseln Sie zur Konzentrationsübung.

Aufmerksamkeit spielt für die Präsenz eine wichtige Rolle. Dazu gehört, wach und ansprechbar zu sein, bewusst Prioritäten zu setzen und konzentriert zu bleiben. wenn es notwendig ist. All das lässt sich durch Übung erreichen.

Adäquat reagieren

Präsenz bedeutet auch, die eigenen Reaktionen gut zu steuern. Dazu gehört, dass man durchdacht und konsequent handelt und dabei seine Werte und Überzeugungen nicht aus den Augen verliert. Aber wir leben in einer Welt, in der erwartet wird, dass jeder aktiv und dynamisch ist, und deshalb nehmen wir uns oft zu wenig Zeit für eine wohlüberlegte Reaktion. Dennoch sollten wir uns nicht einfach bestimmten Reaktionsmustern überlassen, sonst ist es um die Präsenz schnell geschehen. Hier möchte ich auf drei gute Strategien eingehen:

- Besser nichts sagen
- Niemand hat immer recht
- Grenzen setzen

Besser nichts sagen

In emotional aufgeladenen Situationen kommt vielen von uns der gesunde Menschenverstand abhanden. Jeder geht mit Emotionen anders um. Wenn die Spannung steigt, werden manche absolut cool und ruhig, andere drehen auf und werden laut. Beide Reaktionen können in bestimmten Situationen angemessen sein.

Genau da liegt das Problem. Einige meiner Klienten haben durch ihre Art zu reagieren ihr berufliches Vorankommen behindert. Besonders häufig wandten sich Menschen an mich, weil ihre Reaktionen unter emotionaler Anspannung problematisch waren. Manche wurden Freunden gegenüber unverhältnismäßig wütend, andere haben in Meetings mit Kollegen gestritten oder sie vor anderen herabgesetzt. Damit setzt man nicht unbedingt die Freundschaft oder den Job aufs Spiel, aber es kann genügen, um eine Beförderung zu verhindern oder nicht in ein Team aufgenommen zu werden.

Dasselbe passiert im Privatleben. Manche Menschen wissen ganz genau, wie sie uns auf die Palme bringen können. Dann spielt sich ein Programm ab: Jemand drückt den Schalter, und Sie reagieren.

Ihr Unterbewusstsein kennt diese Muster, aber Sie lassen es nicht zu Wort kommen. Deshalb hier einige Grundregeln für die angemessene Reaktion auf emotional aufgeladene Situationen oder Provokationen:

- ✓ **Denken Sie über die Folgen eines Streits oder Ihres Handelns nach. Ist es das wert?**
- ✓ **Nicht in Dinge einmischen, die nicht Ihre Angelegenheit sind**
- ✓ **Wenn Sie wütend sind, suchen Sie zuerst die Ursache für Ihre Wut, bevor Sie übereilt das falsche Problem angehen.**
- ✓ **Was Sie sagen, sollte zur Lösung des Problems beitragen.**
- ✓ **Sagen Sie nichts, nur weil Sie sich herausgefordert fühlen. Mischen Sie sich nicht ein, nur weil Sie aufgefordert wurden.**
- ✓ **Fragen Sie sich selbst: »Ist das wirklich so wichtig?« Meistens ist es das nicht.**
- ✓ **Denken Sie an die alte Redensart »Der Klügere gibt nach«.**
- ✓ **Überlegen Sie, ob es wirklich ein »Richtig oder Falsch« gibt.**
- ✓ **Werden Sie sich später an dieses Problem erinnern? Wenn nicht, ist es nicht wichtig.**

Ich empfehle meinen Klienten gern die HALT-Technik: Sagen oder tun Sie nichts, wenn Sie sich hungrig, wütend, einsam oder müde fühlen (*hungry, angry, lonely, tired*). Essen Sie etwas. Beruhigen Sie sich. Verkriechen Sie sich nicht, wenn Sie einsam sind. Machen Sie eine Pause, wenn Sie überarbeitet sind. Treffen zwei oder mehr Faktoren zu, ist das HALT-Signal umso größer. Die HALT-Technik ist nützlich, um übereilte Reaktionen zu vermeiden.

Die Technik kann helfen, Eskalationen zu vermeiden. Schweigen ist besser, als etwas zu sagen, das man später bereut. Emotional aufgeladene Fragen muss man nicht sofort beantworten. Vor wichtigen Entscheidungen darf man sich Zeit lassen. Man sollte sich über seine Gefühle im Klaren sein, bevor man etwas sagt oder tut. Lernen Sie zu sagen: »Gib mir bitte etwas Zeit« oder »Darüber muss ich erst nachdenken«. Werden Sie aufgefordert, eine Tätigkeit sofort abzubrechen, könnten Sie antworten: »Ich komme gerade sehr gut voran und weiß nicht, wie lange noch. Ich melde mich, wenn ich ein Stück weiter bin.«

Wichtig ist, das Gesagte konsequent einzuhalten. Hängen Sie die Latte nicht höher oder tiefer, und schaffen Sie keine Situation, in der Sie es müssten. Antworten Sie neutral. Allzu viele gedankenlose Bemerkungen können Ihre Glaubwürdigkeit unterhöhlen und Ihren Beziehungen schaden.

Selbstverständlich können emotionale oder mitfühlende Reaktionen angemessen sein. Wichtig ist, dass Sie sich für eine durchdachte Reaktion ausreichend Zeit nehmen können.

Niemand hat immer recht

Menschen, die immer recht haben müssen und alles unter Kontrolle haben wollen, können anstrengend sein. Mit Präsenz hat dieses Verhalten wenig zu tun, denn diesen Menschen geht es nur um zukünftige Resultate, aber nicht um Erkenntnisse, die sich aus dem Moment ergeben.

Wer immer recht haben will, ist nicht kompromissfähig. Es ist wichtig zu wissen, wann man nachgeben sollte. Mit Sturheit und Rechthaberei stellt man sich selbst und anderen ein Bein, denn wer sich so verhält, kann nicht wirklich zuhören und hat Schwierigkeiten, Beziehungen zu anderen aufzubauen.

Besonders schwierig sind Menschen, die glauben, immer recht zu haben und alles besser zu wissen, und das nicht immer sehr freundlich vermitteln. Im Beruf ist es kaum möglich, mit ihnen in einem Team zu arbeiten. Niemand kann und weiß alles. Natürlich ist jeder Mensch einzigartig, aber es gibt immer jemanden, der eine Aufgabe genauso gut oder besser lösen könnte.

Grenzen setzen

Hier geht es um den Fall, dass andere Ihren Bemühungen um Präsenz im Wege stehen. In Beziehungsentscheidungen – beruflich oder privat – sind wir alle fehlbar. Immer wieder kommt es vor, dass wir andere falsch einschätzen und das Gefühl haben, wir hätten es doch ahnen müssen.

Die erste Grundregel lautet, dass Sie es nicht verdient haben, mit schlechten oder unangenehmen

Menschen umzugehen. Es ist Ihr gutes Recht, Grenzen zu setzen und für das eigene Wohlergehen zu sorgen. Stellen Sie sich vor, Sie ziehen einen Strich in den Sand, den Sie selbst nicht übertreten: Sie sind schlichtweg nicht bereit, bestimmte Verhaltensweisen zu akzeptieren.

Zweitens müssen Sie lernen, andere nicht für Ihre Gefühle verantwortlich zu machen oder sie zu bewerten. »Du hast mich verletzt, du hast mich in Verlegenheit gebracht, du hast mich getäuscht« und darum »bist du seltsam, gemein oder blöd«. Es geht nicht um die anderen, sondern um deren Wirkung auf Sie. Darauf sollten Sie sich konzentrieren.

Wenn Sie keine Vorwürfe machen, können Sie objektiver bleiben. Mit wertenden Äußerungen bringen Sie zu viel Subjektives ein. Versuchen Sie, die Lage mit etwas Abstand zu betrachten: »Die Person scheint Angst zu haben oder wütend zu sein. Darauf will ich mich lieber nicht einlassen.« Im Grunde können Sie Ihr Gegenüber nur beobachten. Der Rest ist Spekulation.

Manchmal bewirken andere, dunklere Kräfte, dass wir in eingefahrene Muster zurückfallen. Auf sie kann ich hier nicht eingehen – sie sind ein Fall für den Therapeuten. Aber abgesehen davon können selbst gesetzte Grenzen hilfreich sein, wenn man Beziehungen zu fremden Menschen anknüpft. So behält man die Situation unter Kontrolle und kann sich rasch zurückzuziehen, falls es nötig sein sollte.

Wer Grenzen setzt, muss sich bewusst sein, dass andere Menschen vielleicht nicht bereit oder nicht in der Lage sind, ihr Verhalten zu verändern. Seien Sie bereit, daraus die notwendigen Konsequenzen zu ziehen. Das kann bedeuten, den Kontakt zu einer Person vollständig abzubrechen. Manchmal scheuen wir uns, Grenzen zu setzen, weil wir befürchten, andere damit zu verletzen oder einer Beziehung zu schaden. Trotzdem ist es wichtig, für sich selbst einzustehen, auch wenn es anderen nicht gefällt und sie sich möglicherweise abwenden.

Es ist gut für Sie, Grenzen zu setzen, aber auch für Ihre Mitmenschen. Hier finden Sie einige Formulierungen, die dabei in verschiedenen Situationen hilfreich sein können.

- **»Mir ist wichtig, Missverständnisse im Gespräch zu klären.«**
- **»Ihre herablassende Kritik werde ich nicht akzeptieren.«**
- **»Wenn Sie mich nicht mit Respekt behandeln, werde ich nicht mit Ihnen zusammenarbeiten.«**
- **»Zusammenarbeit funktioniert für mich nur auf der Grundlage von Ehrlichkeit, Respekt und Fairness.«**
- **»Lass deinen Ärger nicht an mir aus. Ich habe nichts damit zu tun.«**
- **»Ich wünsche mir Offenheit in unserer Beziehung. Dass du nicht redest, macht die Beziehung für mich unbefriedigend.«**

Manche Menschen ziehen schwierige Zeitgenossen geradezu an, ironischerweise sind das allzu oft diejenigen, die gemocht werden wollen, oder Menschen mit einem großzügigen, vertrauensvollen Wesen. Gegen die tieferen Ursachen lässt sich nicht viel tun, aber glauben Sie mir: Wenn Sie Ihr Verhalten ändern und Grenzen ziehen, wird es Ihnen besser gehen.

Lügendetektor

Menschen sagen nicht immer die Wahrheit. Gut, wenn man die Anzeichen dafür erkennen kann.

- Höhere Stimmlage, Zögern, falsche Wortwahl, ungeschickter Satzbau, ungewöhnlicher Blickkontakt, geweitete Pupillen, häufiges Zwinkern oder Reiben der Augen.
- Unangemessenes Lachen – zu oft oder zu laut.
- Starre Körperhaltung. Bei erhöhtem Bemühen um Körperbeherrschung oft widersprüchliche Signale wie Schulterzucken, Grimassen, unruhige Hände oder Füße, Lächeln nur mit dem Mund (nicht mit den Augen), übertriebene Gestik oder sehr kleine, körpernahe Gesten.
- Unpassendes Seufzen oder flache Atmung.
- Errichten einer Barriere Ihnen gegenüber – Aktentasche oder Handtasche, ein Tisch, Bücher oder Unterlagen, verschränkte Arme.
- Bemüht entspanntes oder lässiges Gehabe, zu detaillierte Äußerungen, zu viel Blickkontakt.
- Ausschweifendes Reden über Dinge, die bedeutungslos sind oder nicht zur Sache gehören.
- Defensives Verhalten, Witze oder Sarkasmus, um einem Thema auszuweichen.
- Genaue Wiederholung der Frageformulierung in der Antwort: »Hast du meine Socken genommen?« – »Nein, ich habe deine Socken nicht genommen.«
- Soll die Person einen Misserfolg beschreiben, wird sie normalerweise die negativen Aspekte auslassen – also das, was schiefgegangen ist. Möglicherweise gibt sie anderen die Schuld.

Weisheit

Ob Sie es glauben oder nicht: Es gibt tatsächlich ernst zu nehmende Forscher, die sich seit Jahren mit dem Thema Weisheit beschäftigen. Zu ihnen gehört Stephen S. Hall, der einige Merkmale zur Definition des Weisheitsbegriffs beschrieben hat. Dazu gehören »sichere Kenntnis des menschlichen Wesens, emotionale Widerstandskraft, Fähigkeit zum Umgang mit Schwierigkeiten, Offenheit für Optionen, Versöhnlichkeit, Bescheidenheit und die Bereitschaft, ein Leben lang aus Erfahrung zu lernen (…) Emotionen spielen eine wichtige Rolle, aber entscheidend ist Distanz.« Hall führt weiter aus: »Handeln ist wichtig, aber auch durchdachtes Nicht-Handeln.« Man muss also wissen, wann man besser nichts tut. Die Studie ergab, dass Weisheit zwar mit Lebenserfahrung zu tun hat, aber nicht unbedingt nur bei alten Menschen zu finden ist. Auch schwierige Lebensphasen und sogar Kindheitserlebnisse können unsere Lebenseinstellung beeinflussen.

Forscher haben sogar versucht, Weisheit zu messen, und kamen zu einem wichtigen Ergebnis: Menschen mit einem niedrigen Wert sind meist sehr selbstbezogen. Ich glaube aber, ihnen fehlt einfach Übung. Meiner Meinung nach kann man weise Verhaltensweisen trainieren und dadurch weiser werden. Das ist allerdings nicht ganz leicht. Wie oft hatten Sie das Gefühl, dass Ihnen unangemessene Worte einfach »herausrutschten« oder mussten zugeben »Mir war gar nicht bewusst, was ich getan habe«? Viel zu oft sind wir uns nicht bewusst, was wir bei anderen auslösen. Das ist es, was die Weisheitsforscher mit selbstbezogen meinen.

Weises Verhalten zu trainieren hat also einen doppelten Nutzen: Sie verstehen besser, was Ihr Verhalten bei anderen auslöst (und werden dadurch weiser), und aufgrund dessen können Sie besser (weiser) reagieren.

Einzuschätzen, wann man handeln oder nicht handeln sollte, ist schwierig. Selbst wenn Sie nicht wie in einem Teufelskreis immer wieder Dinge tun, die Sie bedauern – was ein anderes Problem ist – kann es mühsam sein, die alltäglichen Ausrutscher zu vermeiden. Damit das gelingt, braucht man den Mut, etwas Neues auszuprobieren, und die Erfahrung, aus der man gelernt hat. Trotzdem machen wir Fehler. Ich glaube aber, dass man sich auf dem Weg zur Weisheit durchaus weise verhalten kann.

Die Macht der Entschuldigung

Viele Menschen bringen sich selbst in Schwierigkeiten, weil sie Fehler nicht zugeben können. Oft fällt es ihnen auch schwer, sich zu entschuldigen. Das zieht ein schlechtes Gewissen oder beschädigte Beziehungen nach sich.

Dabei kann eine Entschuldigung so viel bewirken. Sie kann ein gebrochenes Herz heilen, verletzten Stolz besänftigen oder eine angeknackste Beziehung kitten. Vor allem wenn Sie im Irrtum sind, aber auch wenn Sie einfach einen Prozess in Gang setzen wollen, gibt es einige wichtige Schritte zu machen. Psychologen zufolge gehören zu einer erfolgreichen Entschuldigung drei Dinge: die Bereitschaft, für das eigene

Handeln die Verantwortung zu übernehmen (»Mama, ich habe mich auf der Feier unmöglich benommen«); die Tat ernsthaft bereuen (»Das tut mir wirklich leid«) und die Bereitschaft, die Sache wieder in Ordnung zu bringen (»Ich werde mich bei allen Gästen persönlich für mein Benehmen entschuldigen«).

Nehmen wir an, Sie haben sich im Büro mit einer Kollegin hitzig über etwas gestritten, das am nächsten Tag belanglos erscheint. Dann sind Sie beide beteiligt. Wenn eine von Ihnen sich nun entschuldigt, ebnet sie der anderen den Weg, sich ebenfalls zu entschuldigen. Sie könnten am nächsten Tag an der Kaffeemaschine sagen: »Ich glaube, wir haben uns gestern gründlich missverstanden. Es tut mir leid, dass ich mich im Ton vergriffen habe.« Bedingung ist allerdings, dass Sie es ehrlich und ohne Hintergedanken meinen.

Möglicherweise ist Ihr Gegenüber noch verärgert und will die Entschuldigung nicht annehmen. Das ist in Ordnung. Sie haben das Ihre getan, und Sie müssen akzeptieren, dass die Kollegin Ihren Standpunkt nicht teilt. Aber Ihnen geht es besser, denn Sie haben Ihren Fehler zugegeben und gezeigt, dass Sie die Wirkung Ihres Verhaltens auf die Kollegin bedauern. Wie ernst oder kompliziert ein Streit auch ist: Eine ehrliche Entschuldigung, eine Geste des guten Willens, ist ein guter Anfang.

Eine Entschuldigung ist wie ein Sprung ins kalte Wasser: Er kostet Überwindung, aber wenn man erst einmal schwimmt, ist es großartig. Bevor Sie sich aber entschuldigen, überlegen Sie genau, ob Sie wirklich für die Unstimmigkeit verantwortlich sind.

Stille aushalten

Verursachen Ihnen schon kurze Momente der Stille Unbehagen? Schauen Sie dann nervös auf Ihr Smartphone, hören Sie schnell einen Podcast, brauchen Sie unbedingt Hintergrundgeräusche? Ich kenne Menschen, die nur einschlafen können, wenn Musik oder der Fernseher läuft. Können Sie eine Weile still sitzen, oder müssen Sie immer etwas tun?

Präsenz hat viel damit zu tun, Stille aushalten zu können. Stille macht süchtig. Wenn man einmal entdeckt, wie wohltuend sie ist, will man mehr davon. In der Stille sammelt man Kraft für das, was getan werden muss. Stille ist der Raum zwischen den Gedanken. Tatsächlich erleben wir aber in unserer Welt nahezu nie Stille. Dabei brauchen wir sie im Beruf ebenso wie im Privatleben. Wir sollten uns diesen Raum zwischen den Gedanken schaffen.

Typische Verhaltensweisen

Es gibt einige typische Verhaltensweisen, in die Menschen verfallen, wenn ihnen Stille unbehaglich ist. Am häufigsten trifft man auf die beiden ersten.

- Zu viel reden
- Sich durch Bewegung ablenken
- Ratschläge geben, bevor die Frage gestellt wurde
- Gesprächspausen nutzen, um abzulenken oder das Thema zu wechseln

- Unterbrechen oder jemandem ins Wort fallen
- Über eine Antwort nachdenken, bevor jemand ausgeredet hat
- Schnell und unüberlegt antworten
- Sich schlau und kompetent geben, beeindrucken wollen oder reden, ohne auf den Punkt zu kommen

Niemand lehrt uns, die Stille zu mögen. Viele Menschen haben Schwierigkeiten mit Gesprächspausen in Verhandlungen, Konferenzen oder privaten Unterhaltungen. Stille im Raum verursacht allgemeines Unbehagen. »Und wenn niemand etwas sagt?«, denken wir schnell, oder: »Dieses Schweigen ist ja endlos«, selbst wenn es sich nur um Sekunden handelt. Wir glauben, prompt antworten zu müssen, wir brauchen Erklärungen, bewegen uns, handeln, zeigen Selbstbewusstsein. Daraus folgt oft, dass wir zueinander reden, aber nicht miteinander. Wir sind so damit beschäftigt, uns kompetent, dynamisch oder klug zu geben, dass uns oft das Wesentliche entgeht.

Zu viel reden

Wer zu viel redet, wird in der Regel von Freunden oder Verwandten darauf hingewiesen. Menschen, die viel reden, glauben meist, damit Dynamik und Energie zu vermitteln. Tatsächlich haben sie aber oft gar nicht so viel zu sagen. Ihnen geht es nur darum, Gesprächslücken zu vermeiden, weil ihnen Stille unangenehm ist.

Menschen, die zu viel reden, können und sollten üben zu schweigen. Oft müssen sie aber lernen, auch in anderen Lebensbereichen zur Ruhe zu kommen. Es genügt nicht, jemandem zu sagen: »Sei bitte still«.

Ich habe eine Verwandte, die sehr gesprächig ist. Fast immer hat sie eine Geschichte, ein Beispiel oder einen Kommentar parat, und sie neigt dazu, »laut zu denken«, was ihre Redezeit noch verlängert. Sie unterbricht die Erzählungen anderer, um ihre eigenen anzubringen. Bei Familientreffen gehen manche ihr inzwischen aus dem Weg.

Ich habe ihr geraten, einen oder zwei Atemzüge lang zu schweigen, bevor sie das Wort ergreift. Das klingt mechanisch, hat ihr aber geholfen. Nachdem sie diese Atemtechnik zwei Wochen lang geübt hatte, berichtete sie mir, dass sie Gespräche nun ganz anders erlebte. Wegen der kurzen Pause bemerkte sie, wenn andere Gesprächslücken zu füllen versuchten oder auch Informationen gaben, die sie interessant fand. Andere Menschen kamen besser zu Wort, und die Verteilung der Redeanteile war ausgewogener.

Anfangs tat sie sich mit der Technik schwer, aber schon nach wenigen Wochen fiel anderen auf, dass sie in Gesprächen viel entspannter wirkte und eine angenehmere Gesprächspartnerin war.

Raum für Stille zu schaffen kann heißen, nicht zu sprechen oder Geräusche zu vermeiden. Mir geht es aber um den ruhigen Moment zwischen den Gedanken, in dem Sie sich nicht aktiv von der Stille ablenken.

Ablenkung durch Bewegung

Wenn Stille Unbehagen bereitet, neigen viele Menschen dazu, sich übermäßig zu bewegen oder ungewöhnliche Haltungen einzunehmen. Das kann ablenkend wirken, und meist sind körperliche Anspannung oder Ermüdung die Ursachen.

Diese Unruhe, die als Ausdruck des Unbehagens gewertet werden kann, zeigt sich an typischen Merkmalen.

- Hin und her rutschen, wippen oder Gewichtsverlagerung von einer Körperseite auf die andere. Gleichmäßige Gewichtsverteilung ist eher selten.
- Mit ungleichmäßiger Geschwindigkeit gehen, selbst auf kurzen Strecken Wechsel von schnellen Schritten, abruptem Innehalten und langsamem Gehen
- Häufiges Anstoßen an Möbeln oder Türrahmen
- Zappeln, Herumspielen mit Gegenständen (Büroklammern, Bonbonpapier, Knöpfe oder Fäden an der Kleidung)
- In geselligen Situationen zu geringer oder zu großer Abstand
- Bewegungen wirken fahrig, Aufgaben werden nicht abgeschlossen, Dinge falsch abgelegt.

Ein gutes Beispiel ist meine Kollegin Anna. Sie war immer in Bewegung, im Stehen wie im Sitzen. Aber die Bewegungen hatten oft weder Zweck noch Funktion. Sie waren winzig und nicht immer direkt wahrnehmbar. Im Stehen verlagerte sie ihr Gewicht ganz leicht von einem Fuß auf den anderen. Im Sitzen verlagerte sie das Gewicht, veränderte die Position oder tippte mit dem Fuß. Sie hatte immer etwas in der Hand – einen Stift, Notizen oder ein Bonbonpapier, das sie zwirbelte.

In Übungen habe ich versucht herauszufinden, wie sie sich fühlte, wenn sie nicht beschäftigt oder in Bewegung war. Ihr Unbehagen war sehr deutlich, vor allem wenn sie nichts in der Hand hatte, nicht mit dem Fuß tippte oder länger (in ihrem Fall etwa 1 Minute) still saß. Sie sagte dazu: »Es passiert nichts.«

Dennoch war die Übung wichtig. Die Momente, in denen »nichts passiert«, sind wichtig, damit die Zuhörer das, was sie gesagt hat, verstehen und verarbeiten können. Gleichzeitig kann sie dadurch Wichtiges betonen und ihre eigene Stärke zum Ausdruck bringen.

Meditation und Stille-Übung

Es gibt so viele verschiedene Formen der Meditation, dass jeder für sich das Passende finden kann. Eine bestimmte religiöse Überzeugung ist nicht nötig, Sie brauchen nur Geduld mit sich selbst.

Atmen, Gehen oder Schreiben sind Tätigkeiten, die helfen können, den Umgang mit Stille zu üben. Uns allen würde mehr Stille gut tun. Fangen Sie klein an, um auf den Geschmack zu kommen. Statt von morgens bis abends ohne Pause zu ackern, sollten Sie sich im Alltag ein paar stille Momente gönnen.

Sie könnten ab und zu allein in ein Café gehen, einfach ruhig sitzen, Ihren Kaffee trinken oder eine

Entspannende Meditation

Diese Meditation entspannt und bringt den Geist zur Ruhe.

- Wählen Sie möglichst einen ruhigen, ungestörten Platz. Ich meditiere allerdings auch in Flugzeugen oder Zügen oder wann immer ich einen freien Moment habe, um mich zu erden und Energie zu tanken.
- Sie sitzen bequem, die Hände auf dem Schoß, die Augen locker geschlossen. Schultern und Hals strecken, um Anspannungen zu lockern. Wenn Sie bereit sind, drei tiefe, reinigende Atemzüge nehmen. Alle Sorgen und Spannungen des Tages loslassen. Gedanken und Pläne loslassen. Es ist normal, wenn Ihre Gedanken abschweifen. Konzentrieren Sie sich einfach wieder auf Ihren Atem. 2 Minuten lang üben.
- Nun wieder im normalen Rhythmus atmen, nicht zu schnell und nicht zu langsam. Die Aufmerksamkeit auf den sanften Rhythmus des Atems richten, sanft einatmen, sanft ausatmen. Gedanken an Vergangenes und Zukünftiges loslassen, Sie sind ganz im Hier und Jetzt. Lassen Sie den Geist zur Ruhe kommen. 5–20 Minuten üben.
- Meditieren Sie regelmäßig, aber so, dass es zu Ihnen und Ihrem Alltag passt (Ich meditiere nicht immer zur gleichen Zeit und an ganz verschiedenen Orten). Es gibt auch einige gute Apps, die beim Meditieren helfen. Mit der Zeit wird das Meditieren so selbstverständlich wie das Zähneputzen: ein regelmäßiges Reinigungsritual für Körper und Geist.

Body-Scan-Übung

Diese Übung führe ich gern vor dem Schlafengehen oder auf langen Flugreisen durch. Sie kann 3–30 Minuten dauern. Wer geführte Meditationen bevorzugt, findet im Internet eine Vielzahl von Audiodateien zum Download. Sie können aber auch sehr gut mit Ihrer inneren Stimme arbeiten. Diese Achtsamkeitsmeditation verbessert Ihre Eigenwahrnehmung und hilft, das Unbehagen gegenüber der Stille abzulegen. Falls Ihre Aufmerksamkeit während der Übung schwankt, geben Sie nicht auf – mit der Zeit geht es besser.

- Bei dieser Übung wird der ganze Körper Schritt für Schritt systematisch »gescannt«. Konzentrieren Sie sich zuerst auf Ihre Zehen, achten Sie auf jede Wahrnehmung. Füße und Zehen entspannen. Spüren Sie Verspannungen, Kribbeln, Kälte, Wärme?
- Weiter geht es mit den Fußsohlen. Dann folgen Fußrücken, Fersen, Knöchel, Knie, Oberschenkel, Bauch und so weiter. Ihre Aufmerksamkeit wandert langsam und methodisch am Körper aufwärts. Nehmen Sie sich jeweils ausreichend Zeit, um den Körperbereich intensiv zu erspüren.
- Nehmen Sie sich nach der Übung noch 1–2 Minuten Zeit, um ruhig liegen zu bleiben.

Kleinigkeit essen – aber ohne Zeitung oder Buch. Schauen Sie, was passiert. Manche Leute finden es unangenehm, allein in einem Café zu sitzen. Tatsächlich machen sich die anderen Gäste darüber gar keine Gedanken. Man braucht also keinen stillen oder einsamen Ort, um Stille zu üben. Es geht ja letztlich um die Momente zwischen den Gedanken, in denen Sie innehalten sollen, statt sich aktiv von der Stille abzulenken.

Versuchen Sie auch, im normalen Alltag kurz innezuhalten und sich zu fragen: »Welcher Teil von mir ruht gerade?« Dadurch nehmen Sie (wie mein Freund an einer roten Ampel, aber das ist eine andere Geschichte) Ihren Körper bewusst wahr. Auch so entsteht ein Moment der Stille. Seien Sie gewiss, irgendein Teil ruht immer.

Ich hoffe, dass Sie durch die Übungen in diesem Buch lernen, sich mit Stille wohl zu fühlen. Genau genommen ist Stille eins der wenigen Beispiele dafür, dass man auch aus nichts einen Nutzen ziehen kann. Allerdings meine ich mit Stille nicht nur die Abwesenheit von Lärm, sondern vor allem die innere Ruhe.

Präsenz ist etwas, das man Schritt für Schritt entwickelt, indem man sich aktiv für bestimmte Handlungsweisen entscheidet. Arbeiten Sie an Ihrer Fähigkeit zuzuhören, seien Sie aufmerksam, reagieren Sie nicht unüberlegt und lernen Sie, die Stille zu ertragen.

Auf diese Weise werden Sie Erfahrungen machen, die Sie selbst und Ihre Mitmenschen bereichern. Und das ist der beste Weg zu mehr Präsenz.

Register

Dank

Dank der Autorin

Ein herzliches Dankeschön geht an Victoria Marshallsay und das Team bei Eddison Books in London für die engagierte und kompetente Begleitung dieses Projekts. Außerdem danke ich meinen mutigen, klugen und erfahrenen Klientinnen, Freundinnen und Verwandten, die mich mit Anregungen, Ideen und Ratschlägen jeden Tag ein Stück weiter bringen.

Denken Sie immer an die Worte der guten Hexe Glinda aus dem Film *Der Zauberer von Oz*: »Du hast die Kraft tief in dir!«

Bildnachweis

Illustrationen von Paul Oakley, ausgenommen die folgenden: ShutterstockPhotoInc. Seite 47, 50 Pfeile; Seite 87, 162 Sentavio; Seite 90–91 Terpsychore; Seite 142 Nadzeya Shanchuk; Seite 147 Evgenii Matrosov; Achtsamkeitsübung Seite 151: Robin Mallery, Tedx Evansville 2015